梦想，从这里启航

陈秀珍　主编

民主与建设出版社

图书在版编目 (CIP) 数据

梦想，从这里启航 / 陈秀珍主编 . -- 北京：民主与建设出版社，2017.6

ISBN 978-7-5139-1580-9

Ⅰ . ①梦… Ⅱ . ①陈… Ⅲ . ①北京市和平街一中 – 介绍 Ⅳ . ① G639.281

中国版本图书馆 CIP 数据核字 (2017) 第 124621 号

梦想，从这里启航
MENGXIANG CONG ZHELI QIHANG

出 版 人	许久文
主　　编	陈秀珍
责任编辑	郎培培
封面设计	李圆圆
出版发行	民主与建设出版社有限责任公司
电　　话	（010）59417747　59419778
社　　址	北京市海淀区西三环中路 10 号望海楼 E 座 7 层
邮　　编	100142
印　　刷	北京洛平龙业印刷有限责任公司
版　　次	2017 年 6 月第 1 版　2017 年 6 月第 1 次印刷
开　　本	787 mm × 1092mm　1/16
印　　张	8.5
字　　数	150 千字
书　　号	ISBN 978-7-5139-1580-9
定　　价	70.00 元

注：如有印、装质量问题，请与出版社联系。

编委会

一、课程说明

(一)本课程的开设背景

北京市和平街第一中学是北京市示范性普通高中、北京市民族团结教育示范校、北京市学校文化建设示范校与北京市基础教育课程建设先进单位。现在为一校四址(3 个中学校区,1 个小学校区),小学、初中、高中分址分部办学。

截至 2016 年 9 月,全校共有 128 个教学班,3860 名学生,其中有 8 个内地新疆高中班,共计 300 人,分预科、高一、高二、高三各 2 个教学班。学校现有教职工 460 人(正式教师 456 人,代课教师 4 人),其中专任教师 360 人,特级教师 11 人,高级教师 129 人,市级骨干教师 2 人,区级各类骨干优秀教师 76 人,校级各类骨干优秀教师 103 人,市、区、校三级骨干教师 192 人。师生分属汉、回、满、藏、羌、蒙古、东乡、锡伯、土家、朝鲜、维吾尔、哈萨克、达斡尔、俄罗斯、乌兹别克、柯尔克孜等 16 个民族。

近年来,学校坚持"让每一个学生在自信中成长,让每一位教师在阳光中工作"的办学理念,继承民族团结教育传统,弘扬"和睦同心、和合一致、和衷共济、和谐发展"的学校文化精神,各族师生同呼吸、共命运,以民族团结教育为己任,对民族团结教育事关国家安危、责任重于泰山的意义已经达成共识。

为了落实《基础教育课程改革纲要》的精神,加强民族团结教育课程建设,不断丰富民族团结教育的内容和形式,进一步加强"三个离不开"的思想,树立正确的祖国观、民族观、文化观,不断增强师生的民族自尊心和自豪感,配合朝阳区教育科学"十二五"规划第二批立项课题"普通中学民族团结教育校本课程开发实践研究",我们以民族团结教育校本课程开发实践为载体,开发了适合我校学情、师情、生情的《梦想,从这里启航》这一校本课程。

（二）本课程的指导思想

以社会主义核心价值观为引领，以《学校民族团结教育指导纲要》为导向，以民族团结教育校本课程开发实践为主要内容，以推进民族团结教育为根本任务，以彰显和巩固"北京市民族团结教育示范校"成果为目的，遵循整体性、主体性、开放性、以生为本、民主参与和量力而行"六大原则"，紧扣民族团结教育校本课程开发的综合性、体验性、创造性与发展性"四大特点"，采取多种形式和手段，落实激发学生兴趣观、开阔学生视野观、培养学生民族观"三大观念"，做到课内与课外结合、学生与家庭结合、班级与社会结合"三个结合"，传授民族史，培育民族观，尊重学生个性差异，满足学生个体需求，为学生开辟自主空间，拓展学生知识面，培育学生兴趣爱好，培养学生热爱中华民族的思想感情，为培养全面发展的"四有"新人创造途径和奠定基础。

（三）本课程的课程目标

1.通过学校情况的介绍，了解学校的办学宗旨、历史发展及地理位置特点等。

2.通过对朝阳区地理位置、历史古迹、经济发展的介绍，了解其整体发展状况。

3.通过对北京市地理位置、历史发展、经济文化的介绍，了解整体发展状况。

4.通过对新疆维吾尔自治区地理位置、经济发展的介绍，了解其整体发展状况。

5.通过本课程的教学活动，深刻理解区域差异、区域整体性，理解自然环境的整体性质原理。结合人文环境特点，理解"三个离不开"深刻内涵，理解民族团结、区际联系的重要性，抛弃"狭隘的民族主义""闭塞的发展观"，激发、培养、弘扬中华民族长期以来积淀下来的各民族团结进取的深厚感情。

6.通过本课程学习，培养学生爱党、爱国、爱中华民族的思想感情。

（四）本课程的知识系统

本课程名为《梦想，从这里启航》，共分为五章：第一章：和一，学习成长的摇篮；第二章：朝阳，放飞理想的第二故乡；第三章：北京，伟大祖国的心脏；第四章:新疆,深情眷恋的家乡;第五章:社会实践活动。本课程分别从和一、朝阳区、北京市、新疆维吾尔自治区四个维度进行地理位置、历史古迹、经济发展等方面的介绍。

(五)本课程的方法系统

本课程的主要方法系统涉及"学习方法指导""点击网络"板块。

1.学习方法指导。

通过传授一些学习方法,力求提高学生的学习能力。如:如何描述位置的方法。

2.点击网络。

通过网络资料的查找,获取更多与之相关的内容。结合本课程需要的学习内容进行网络资料的筛选整合,提炼加工,将学习的视野拓展到网络,从而激发学生的学习兴趣,加深对本课程的理解。

(六)本课程的训练系统

本课程从内容组织上除正文为主体的知识系统外,训练方面分为"实践活动""课堂活动""知识链接"板块。

1.实践活动。

通过组织实地参观、调查访问、搜集与本课程相关的和一、朝阳区、北京市和新疆维吾尔自治区等相关的信息,让学生亲身获取第一手学习资料,激发兴趣,增广见闻,强化学习动机。

在教材的第五章特别设计了两个实践活动,参观中科院及什刹海。

2."课堂活动"旨在授课过程中,根据材料和信息进行的课上授课过程的能力和技能的训练。

3."知识链接"重点关注相关知识的拓展。

(七)本课程的编写人员

本课程教材《梦想,从这里启航》由陈秀珍主编,马卫华主笔,梁英贤、孙少勇参与编写。

(八)课时安排

1.本课程所需课程时数:18节。

2.本课程的授课方式:学生自学与教师讲授相结合;学生个人探究与小组合作相结合;课内教学与课外实践相结合。

3.本课程的计划安排:预科年级每周1课时,共计开设18课时。

4.本课程的评价方式:以过程性评价为主。

二、学习指导

(一)原有学习基础要求

1.具备一定的识字量,能自行阅读教材中的相关内容。

2.对所学内容感兴趣。

3.能使用网络图书工具进行相关民族、民俗、风情资料的收集和整理。

(二)课程三维目标要求

通过对和一、朝阳区、北京市、新疆维吾尔自治区地理位置、区域发展特征、区域差异等学习,掌握一定的阅读、读图能力和对地理事物及景观的分析能力,并培养学生爱党、爱国、爱中华民族的思想感情。

(三)学习需注意的事项

主动参与、全程全力、自主合作、善于探究、勤学肯思、敢于表达。

(四)学习自我评价要求

端正态度、明确目的、注重过程、关注反思、主动评价、客观结论。

目　录

第一章

和一，学习成长的摇篮

和一，我们即将生活的地方，让我们一起来了解一下这里的一切。

1-1 和平街一中四校区位置图

A.和平街校区　　B.莲葩园校区　　C.朝来校区　　D.清友园校区

第一节　学校发展概况

▼
▼
▼

●学校发展历史

北京市和平街第一中学始建于 1960 年，初名和平街中学，1969 年，更名为北京市和平街第一中学，沿用至今；1971 年，开始招收高中生，成为完全中学；1978 年，经北京市教育局批准，评定为朝阳区重点中学；2002 年 5 月，朝阳区首次教育资源整合，接收朝阳区北苑家园清友园 15 楼新建北苑校区初中部，开始两址办学；2003 年 11 月，接收朝阳区北苑家园莲葩园 1 号新建高中部，开始三址办学；2005 年 9 月，经北京市教育工作委员会评定为"北京市示范性普通高中"，同时，受教育部、国家民

2015年四址办学	← ⇒	2015年朝来初中部
2010年十二年制	← ⇒	2010年莲葩中学部 清友小学部
2005年市示范高中，承办内高	←	
2003年三址办学	← ⇒	2003年莲葩高中部
2002年两址办学	← ⇒	2002年清友初中部
1978年区重点中学	←	
1969年和平街一中	← ⇒	1971年成为完中
和平街中学		1960年建校

学校发展简史

委、北京市政府、北京市教委委托开始筹办内地新疆高中班；2006 年 9 月，首批

内地新疆高中班 80 名学生入学,成为北京市承办内地新疆高中班的市级示范校;2010 年 9 月,朝阳区再次教育资源整合,将原北苑校区初中部与高中部合并至北苑家园莲葩园 1 号,成为北苑校区中学部,同时,接管原紫绶园小学并迁入北苑家园清友园 15 楼,成为北苑校区小学部,学校开始成为一校三址的十二年制学校;2012 年 10 月,被评为"北京市民族团结教育示范校";2013 年 12 月,被评为"北京市学校文化建设示范校";2015 年 4 月,朝阳区第三次教育资源整合,接管原北京化工大学附属中学位于朝来绿色家园 E 区 1 号的朝来校区。至此,学校成为一校四址的十二年制学校。同时,朝阳区教委与中国社会科学院合作办学,签署协议并于 2015 年 9 月 1 日揭牌,我校成为中国社会科学院人文素养教育实验校。

●学校办学规模

1-2 和平街一中四校区景观图

学校一校四址(3 个中学校区,1 个小学校区),总占地面积 137 亩。和平街校区位于和平街八区 16 楼,占地面积 18 亩,建筑面积 8222 平方米,是完中校区;北苑莲葩园校区位于北苑家园莲葩园 1 号,占地面积 53 亩,建筑面积 23818 平方米,是高中校区;北苑清友园校区位于北苑家园清友园 15 楼,占地面积 30 亩,建筑面积 11863 平方米,是小学校区;朝来校区位于朝来绿色家园赢秋苑 21 号,占地面积 36 亩,建筑面积 12500 平方米,是初中校区。

全校现有 128 个教学班(其中小学 51 个、初中 38 个、高中 39 个),学生 3860 人(小学 1803 人、初中 955 人、高中 1102 人)。(截至 2016 年 9 月)

●**学校师资力量**

学校现有教职工 460 人(正式教师 456 人,代课教师 4 人),其中专任教师 360 人,特级教师 11 人,高级教师 129 人,市级骨干教师 2 人,区级各类骨干优秀教师 76 人,校级各类骨干优秀教师 103 人,市、区、校三级骨干教师 192 人。(截至 2016 年 9 月)

第二节　学校文化体系概览

1-3　和平街一中校徽图案

和一的校徽是"和一人":采用绿色象征朝气、活力与希望;用汉语拼音第一个字母变形组合 HY(意为"和一")、HYR(意为"和一人"),和一人在和平街一中绿色和谐的育人环境里,立志、勤奋、求实、开拓,寓意学生像一棵幼苗在教师精心的培养下,在自信中发展,在北京市和平街第一中学这块沃土上健康、茁壮、快乐地成长。

(一)核心文化

和睦同心,和合一致,和衷共济,和谐发展。

(二)办学思想

以学生和学生的全面发展为本,以教师及教师的专业发展为本。

(三)办学理念

让每一个学生在自信中成长,让每一位教师在阳光中工作。

1-4　和平街一中办学理念

（四）办学愿景

办优质规范又特色鲜明的现代学校,育全面发展又学有特长的优秀学生。

（五）办学宗旨

为学生的健康成长提供教育,为学生的终身发展奠定基础。

（六）办学思路

依法治校,质量立校,科研兴校,管理强校,文化润校,特色名校。

（七）办学目标

1.学校发展目标:规范＋优秀＋特色。

2.教师发展目标:专业＋优秀＋特质。

3.学生发展目标:全面＋优秀＋特长。

（八）学校精神

1.一训三风。

（1）校训:立志·勤奋·求实·开拓。

（2）校风:文明·守纪·友爱·勤学。

（3）教风:敬业·爱生·求精·创新。

（4）学风:乐学·尊师·求是·有恒。

2.六大精神。

（1）"爱岗敬业,无怨无悔"的奉献精神。

（2）"和谐共事,团结协作"的合作精神。

（3）"不甘落后,逢一必争"的拼搏精神。

（4）"求真务实,勇于探索"的创新精神。

（5）"敢为人先,克难奋进"的开拓精神。

(6)"自强不息，追求卓越"的奋斗精神。

（九）工作观念

团结协作，和谐共事，高效优质，服务至上，齐心聚力，共创辉煌。

1. 工作目标。

领导力量凝聚，思路流程清晰，科学管理精细，督查反馈到位。

2. 工作原则。

精确目标，精心设计，精细实施，精品呈现。

3. 工作要求。

合理分工，用人所长，熟悉业务，提高能力，各司其职，精细管理；
政令畅通，协调配合，学习研究，开拓创新，团队凝聚，成就精品。

4. 工作作风。

求真务实，雷厉风行，恪职尽责，谦虚谨慎，一丝不苟，精益求精。

第三节　学校理念文化解读

●管理思想解读

学校管理思想——以人为本。"以人为本"，既有对我国传统的儒家文化中的民本思想的扬弃继承，也有对西方文艺复兴时的人文思想的借鉴，更是对我国新时期育人为本教育思想的坚持。

教育的本质，就是促进人的发展。学校管理的动力和核心是人，学校管理的成功与失败也取决于人，所以，学校管理归根到底是对"人"的管理，其核心是尊重人，激发人的热情，其着眼点在于满足人的合理需要，从而进一步调动人的积极性。"以人为本"的学校管理，就是把人和人的发展作为根本，就是学校的一切工作都要具备人性化的特点，紧紧依靠全体教职员工和全体学生，为师生的长远发展着想，促进全体师生身心的和谐发展，基于人，依靠人，为了人，转化人，发展人，成就人。

"以人为本"在学校管理中包括两个层面：一是以学生和学生的全面发展为本；二是以教师及教师的专业发展为本。

"以学生和学生的全面发展为本"，就是学校的一切工作都要以学生为中心，以学生的全面发展为目的。教育管理和教学活动都要以学生的发展为出发点和落脚点，从学生的实际出发，注重发挥教师的主导作用，重视教育的社会功能，突出学生的主体地位，着眼于学生的发展，使学生获得全面、主动、有个性的可持续发展。

"以教师及教师的专业发展为本"，就是在教育教学中要充分尊重教师的劳动；突出教师在学校教育中的主体地位；发掘教师的主人翁意识。要充分调动教师的能动性，最大限度地发挥教师的潜能，使教师成为主动参与学校建设的主体。

●学校核心文化解读

1-5 "和"文化浮雕

学校核心文化——和睦同心，和合一致，和衷共济，和谐发展。

（一）和睦同心——和气和睦，同心同德

《周易·系辞上》云："二人同心，其利断金。同心之言，其臭如兰。"意为同心协力的人，他们的力量像刀剑那样锋利足以截断金属；志趣相投的人发表一致的意见，说服力强，人们就像嗅到芬芳的兰花香味，容易接受。和一是一家，家和万事兴。学校以人为本，把教师的生命健康权放在首位，凝心聚力办教育，一心一意谋发展，干群上下，协调一致，构建一种和气、和睦、和平、和谐的高尚人际关系；师生之间，心理相容，互相接纳，相互尊重、合作、信任，建立一种民主、平等、和谐、融洽的新型师生关系。

（二）和合一致——和谐共生，和而不同

和，指和谐、和平、祥和；合，指结合、融合、合作。"和合"，即指在承认"不同"事物之矛盾、差异的前提下，把彼此不同的事物统一于一个相互依存的和合体中，并在不同事物和合的过程中，吸取各个事物的优长而克其短，使之达到最佳组合，由此促进新事物的产生，推动事物的发展。《管子·兵法》云："和合故能谐。"意为有了和睦、团结，行动就能协调，进而就能达到步调一致。协调和一致都实现了，便无往而不胜。天地和合则美，万物和合则生，人身和合则康，人人和合则善，心灵和合则静，学校和合则兴，社会和合则安，国家和合则强，世界和合则宁，文明和合则谐。就学校而言，包含五个要素：人的和谐是关键，事的和谐是核心，物的和谐是保障，景的和谐是窗口，情的和谐是基础。人和心合，才能减少学生、教师、学校、家庭、社会等物质的、精神的资源浪费，使其得以最大限度的整合，融合为一个整体，产生强大的凝聚力和巨大的合力，从而形成所向披靡的战斗力。

（三）和衷共济——同心协力，克服困难

和衷，《书·皋陶谟》："同寅协恭和衷哉。"指人们彼此和谐恭谨、合作共事的精神状态；共济，典出《国语·鲁语下》："夫苦匏不材于人，共济而已。"指众人借助同一舟楫共渡江河的行为状态。在新的教育背景下，"和衷"即凝聚、提升发自内心的共识，同心协力地追求和生、和处、和顺、和洽、和谐；"共济"就是共同承担责任，与学校同呼吸、共命运，抓住机遇，迎接挑战，不断攀登，超越自我，追求卓越。唯有和衷共济、内和外顺、协调发展、整体优化的育人氛围，才能最终实现人文关怀、心灵沟通、生命互动、精神感召的教育真谛，为每一位师生的幸福人生奠基。和衷共济，是和一人在学校发展历程中团结一心、同甘共苦、共渡难关、共同奋斗所形成的优良传统，同时又寓指在学校未来发展中，在秉持传统精神的同时，在共同愿景的感召下，坚持职业操守，坚持教育本真，凝聚团队力量，形成人和心合的强大内和力与向心力，合力共为，众志成城，克难奋进，合作共赢,实现学生、教师和学校的共同发展。

(四)和谐发展——和谐共事,共同发展

《荀子·王制》云:"和则一,一则多力,多力则强,强则胜物。"意思是说,各种力量只要能够和谐相处,就能取得一致,形成合力,无所不胜。学校和谐发展,主要是指学校协调、均衡、有序发展的形势。在共建和谐社会的大教育背景下,和谐发展,就是学校以人为本,按照科学的发展观,统筹兼顾各方面的工作和利益,使学校全面协调可持续的发展。具体包括,学校与社会的和谐发展、学校内部的和谐发展、师生个体的和谐发展。和谐内涵的本质是共同发展,只有关系和谐,才能实现共同发展。和谐包括校园设施与人相和谐、学校家庭社会的关系和谐、学校管理者与被管理者相和谐、师生个体发展与群体发展和谐、学校近期需求与长远利益和谐、教职工内部关系和谐、师生之间的关系和谐、师生心理健康与身体健康和谐、学生相互间关系和谐、学生的学科发展和谐等诸多方面。发展内涵的本质是学校相关元素的和谐发展,而不是自由发展。实现和谐发展的途径是共生原理——即相同相成、相辅相成、相反相成、互助合作、互促互补、互利互惠的和谐关系。这就要求学校要有和谐的价值取向,树立全面科学的教育功能观、和谐共振的教育过程观、全面发展的教育质量观、整合优化的教育方法观、民主融洽的师生关系观与能动发展的学生观,注意发展的和谐度,正确认识师生发展中存在的差距的两重性,用总体思维、动态思维、权变思维思考问题,关注人际关系和谐(尤其是干群和谐),一切从实际出发来思考、设计和规划,调动一切和谐因素,促进学校的和谐发展。

●学校办学理念解读

学校办学理念——让每一个学生在自信中成长,让每一位教师在阳光中工作。

1-6　和平街一中办学理念

自信，即自己相信自己，相信自己的潜质，相信自己的目标，相信自己的努力。具体说，就是相信自己所追求的目标是正确的，也相信自己有力量和能力去实现所追求的正确目标。自信是人对自己的个性心理与社会角色进行的一种积极评价的结果。自信是一种有能力或采用某种有效手段完成某项任务、解决某个问题的信念。自信是心理健康的重要标志之一，也是一个人取得成功必须要具备的一项心理特质。自信是人生成功的基石。无论是对待学习还是生活，都要自信。有了自信，才能从容面对生活中的种种坎坷；有了自信，才能以积极的心态、坚韧不拔的毅力去搏击奋进，最终获得重生；有了自信，才谈得上去实现自强、自立，才会努力自理、自律。唯有自信，方可勇立潮头。

阳光，比喻乐观、积极的心态，也比喻健康、热情和开朗。阳光，代表着大爱，代表着生命的活力，代表着对希望与理想的执着。作为教师，面对人生，要有阳光般的平和与淡定；面对学生，要有阳光般的温暖与形象；面对家长，要有阳光般的热情与个性；面对同事，要有阳光般的团结与合作；面对课堂，要有阳光般的激情与活力；面对事业，要有阳光般的忠诚与品质；面对发展，要有阳光般的自强与能量。因此，要具有阳光教师的形象——健康、微笑、聪慧；要具有阳光教师的胸怀——理解、宽容、悦纳；要具有阳光教师的行为——倾听、沟通、引导；要拥有阳光教师的追求——热爱、奉献、创新。给自己阳光，就会给学生撒播阳光，给身边的人带来阳光。

这一理念，包含了自信教育与阳光教育，其核心是：学校要营造良好的人文环境，教师要对学生充满爱，给学生阳光般的温暖、阳光般的鼓励，培养阳光的心态，让学生憧憬阳光的生活，创造阳光的生活。阳光才能健康，阳光才能宽容,阳光才能克难,阳光才能关爱,阳光才能合作,阳光才能和谐;自信才能自强,自信才能自律,自信才能奋斗,自信才能创新,自信才能快乐,自信才能成功。

"自信阳光"是一笔财富,它不一定能使你获取成功,但可以使你快乐地生活。只要拥有自信阳光的心态,用真诚、坦荡、友爱、互助的心理对待每个人,就能除去生命中的阴霾,实现个体内在的和谐;就能保持一种豁达、乐观的心态,微笑、从容面对生活的挫折乃至苦难;就能扬起理想的风帆,创新生活每一天,成就生活每一天,享受生活每一天。

● 学校办学目标解读

(一)学校发展目标——规范 + 优秀 + 特色

1.规范——依法治校。

从学校系统的整体出发,依据教育法律法规和教学规律,对教育教学的各个环节制订制度、规程、指标等(规范),并严格地实施这些规范,从而去落实、评价、反思与调控,实现决策、执行、评价、德育、教学、科研、后勤、教师、学生、学习等方面的规范化管理,以使学校统一协调地运转,进而实现办学目标。

实施规范化管理不仅有利于构建科学的教育集体,实现和谐的教育发展,而且有利于良好校风的形成,从而形成浓厚的文化氛围,提高学校办学的整体水平,从而提升学校内涵发展。

2.优秀——质量立校。

优秀,即优质教育,这是能够使学生形成阳光般的心态和健康人格的、提高学生的自尊和自信的、使学生内心变得越来越充实和富有力量的教育。同时,这也是学校资源的配置富有效率和效益的教育,学校生活中充满了对所有学生的深切关注,没有人被忽视和被遗弃。优质教育,还是能够促进学生自主发展、和谐发展、有个性的发展和可持续发展的教育。我们的目标追求是:真正去为学生的幸福人生奠基,充满关注生命的气息,让生命的活力充分涌流,让智慧之花尽情绽放,为一个好的社会培养好的公民,办人民满意的教育。

3. 特色——特色名校。

学校特色是学校在全面贯彻国家教育方针的前提下，根据自身的传统和优势，运用先进的办学理念，在长期的办学实践中逐步形成的教育思想、培养目标、教育管理、课程内容、师资建设、教学方法以及学校文化、环境、设施等多方面综合的办学风格和特征，它是学校在实施素质教育中所表现出来的独特的、优化的、稳定的并带有整体性的个性风貌。

学校特色必须是优秀的、突出的、领先的，并具有以此确立学校的地位和影响，带动学校整体的可持续发展的特征，它具有理念上的认同度、参与上的广泛度、内涵上的深刻度、实践中的系列度、优势上的显效度与作用上的迁移度六大维度，涵盖了学校教育的四大内容：一是办学思想、办学理念、价值规范上的特色；二是制度建设、办学模式、结构等行为方式上的特色；三是学校文化、课程体系、教学模式、教学方法方面的特色；四是物质环境、校容校貌建设等方面的特色。

创建特色就是为了给社会提供优质服务，使学生通过这种特色熏陶和教育，具有某一种别校学生不具有或虽具有但表现不强、不明显的优良的品质、素质或专长。

（二）教师发展目标——专业＋优秀＋特质

1. 专业——素质达标。

教书育人的职业是一种专业，教师是专业人员。教师专业化是教师在整个职业生涯中，通过终身专业训练、习得教育专业知识技能、实施专业自主、表现专业道德，并逐步提高自身从教素质，成为一个良好的教育工作者的专业成长过程，也就是一个人从"普通人"变成"教育者"（由一名专业新手发展成为专家型教师或教育家型教师）的专业发展过程。"学生为本，师德为先，能力为重，终身学习"，是我们遵从的教师专业发展理念。

教师专业素质是指教师在教育和教育实践中获得的、在教育活动中体现出来并直接作用于教育过程的，具有专门性、指向性和不可替代性的心理品质，是教师从事教育工作的心理条件，主要包括教育专业知识、教育专业能力与教育专业精神三大方面。我们的目标是：努力造就一支师德高尚、业务过硬、结构优化、教育理念新、科研能力强、富有创新精神的适应素质教育要求、满足学校现代化发展需要的高素质教师队伍。为此,我们要努力达到下面的教师专业素质标准:遵守职业道德,拓展专业知识,提升专业能力,建构专业人格,形成专业思想,发展专业自我。

2. 优秀——逢一必争。

"逢一必争,逢冠必夺"的进取精神,是优秀教师应有的品质。为此,我们在教师专业素质达标的基础上,提出优秀教师应具有的九大基本素质:身心健康,完美的人格态度;忠于教育,正确的价值取向;育人为本,良好的职业操守;学高身正,高尚的品德言行;一专多能,多元的知识结构;精通业务,娴熟的教学艺术;学以致用,较强的工作能力;广博精深,深厚的文化素养;积极进取,执着的创新精神。

3. 特质——追求卓越。

"追求卓越,开拓创新"的发展精神,是卓越教师应有的特质。为此,我们在优秀教师应有的品质的基础上,倡导十种精神:终身从教的献身精神;认真执教的敬业精神;爱生如子的园丁精神;不甘人后的拼搏精神;不计得失的奉献精神;互相合作的团队精神;与日俱进的创新精神;躬身垂范的表率精神;刻苦钻研的钉子精神;勇挑重担的实干精神。

(三)学生发展目标——全面+优秀+特长

1. 全面——学业合格。

全面发展是人才的培养目标,学生的全面发展意味着学生身心的健康成长,是学生身体、智慧、情感、态度、价值观和社会适应性的全面提高与和谐发展。面向全体学生,促进学生全面发展,是实施全面素质教育的本质要求,是全面建设社会主义现代化强国的战略要求。

为此,我们以"为学生的成长发展提供教育,为学生的终身幸福奠定基础"为宗旨,关爱一切学生的发展,关注学生一切的发展,努力使每一个学生都能得到全面、和谐、可持续的良好发展,着力培养身心健康、品行高尚、明礼守信、热爱祖国、自主学习、学有特长、善于思考、勇于实践、主动发展、富有创新精神与合作意识、能适应未来学习、生活和工作需要的全面发展的合格中学生。

2. 优秀——品学兼优。

学校教师的神圣天职，集中体现在一个目标上，即为祖国、为人民、为社会培养思想和学业素质优良的学生，为这些学生将来走向社会能承担振兴中华民族大业打下扎实的基础。学生的素质优良主要体现在三方面：一是具有较强的科学思维能力；二是具有较强的自主精神学习；三是具有较强的自适应学习能力。

为此，我们要积极实施"学生学习能力提升工程"，培养学生质疑和提出问题的能力、分析归纳问题的能力、设计方案解决问题的能力以及灵活运用已有知识、方法和规律解决新问题的应变能力，从而培养具有优良的道德品质、良好的心理素质、扎实的基础知识、具备创新精神和实践能力，有一定的艺术修养，学有所长的优秀人才。

3. 特长——一技之长。

素质教育的最终目的，在于充分开发和激活人体自身的各种潜能，使之成为具有较强的综合能力、分析理解能力和创造能力等全面发展的综合型人才，核心是促进学生全面和谐地发展，同时发展个性特长，依据学生的条件、兴趣及潜力培养他们的一技之长，可能对他们的一生产生重大的影响。

个性化特长教育既是全面贯彻国家教育方针、促进全体学生全面和谐发展的重要内容，也是落实德育工作针对性、实效性的重要途径。

为此，我们要积极实施"理念引领、文化奠基、课程支撑、社团保障、机制创新"为特征的特长教育：一是将办学理念内化为全校师生高度认可的共同教育价值观，使其成为特长教育的不竭动力；二是培育和弘扬学校特色文化，通过文化夯实特长教育的根基，提高特长教育的竞争力；三是创建优质丰富的学生特长发展课程，确立课程建设在特长教育中的主体地位；四是组建丰富多彩的学生社团，为学生特长教育提供坚实的平台；五是创新评价机制，为特长发展课程提供制度保障。

●学校一训三风解读

(一)学校校训解读

学校校训——立志·勤奋·求实·开拓。

1. 立志。

立志于学——立志改变命运,学习创造未来。志向是指引人生的奋斗目标,是激励人生的前进动力,是丰富人生的桥梁纽带。朱熹说:"百学须先立志。"古人云:"为学之道,始于立志,凡学之不勤,其心志之未尚立也。"立志于学,就要矢志不渝,持之以恒,不断进取,不断超越。"立志、学习、成长、改变"是一个人的学习成长过程。就中小学生而言,在面对做什么人、走什么路、为什么学的问题上,应在坚定对中国共产党的信任、坚定走中国特色社会主义道路的信念、坚定实现中华民族伟大复兴的信心、践行社会主义核心价值观的前提下,"立志当高远",为"中华之崛起而读书",做有理想、有道德、有文化、有纪律的"四有"新人;"立志做大事",坚信"志之所向、金石为开",在"先天下之忧而忧,后天下之乐而乐"之中实现鸿鹄之志;"立志须躬行",铭记"立志难也,不在胜人,在自胜",从自己做起——"不畏浮云遮眼望",从现在做起——"千里之行始于足下"。

2. 勤奋。

勤劳奋发——认认真真,勤勤恳恳,专心致志,奋发努力,干好每一件事情,不怕吃苦,不怕困难,坚持不懈,勇于探索。勤奋是中华民族的传统美德,勤奋是通往理想境界的桥梁,勤奋是实现理想的唯一途径,勤奋是教育事业取得成功的必备条件,勤奋是点燃智慧的火把。勤奋是人生的根基,勤奋是克服困难、取得进步的最强大的武器。古人云:"一勤天下无难事。"韩愈说:"业精于勤,荒于嬉。"高尔基说:"天才出于勤奋"。卡莱尔也说过:"天才就是无止境刻苦勤奋的能力。"这就是说,学业方面的精深造诣来源于勤奋好学。勤能补拙是良训,一分辛劳一分才,有勤奋才有成功的希望。学习、工作、学有所成、事业有成,都不能离开勤奋。对教师而言,要勤勤恳恳,一心扑在教育工作上,刻苦努力,奋发有为。唯其勤,方能知识渊博,方法灵活,桃李满园,硕果累累。对学生而言，就是要善于珍惜时间，勤于学习，勤于钻研，勤于思考，勤于探索，勤于实践，勤于总结。唯其勤，方能真智实才，博学善思，成绩优秀，品质超拔。

3. 求实。

实事求是——学习和做事要实事求是。"大人不华，君子务实"（王符《潜夫论》），做学问与做人一样，都要以诚信为本，以理论知识为指导，注重掌握实际知识、本领和才干。"求实"以"诚"，是核心，是根本。"诚"是维系人类社会的最高道德规范，也是中国传统文化的精神内核。诚者，真也，"诚"的对立面是"欺"，"真"的对立面是"假"。为人要真诚，就是要诚心正意，朴实无华，以诚相待。做事要"诚实"，就是要有务实的精神，严谨的态度，诚心诚意，求真求实，不弄虚作假，不投机取巧，不急功近利，只有这样，才能做一事成一事，踏踏实实地做出成绩。正如陶行知所说："千教万教，教人求真，千学万学，学做真人。"对教师而言，首先要尊重科学，追求真理，一切工作从实际出发、实事求是、脚踏实地，把扎扎实实作为教育人塑造人的思想核心；其次要讲求实际，注重实效，客观地或冷静地观察以求得对客观实际的正确认识，一切工作要有真实内容，要有具体形式，要有实际效果；第三要关注人本，面向发展，一切工作以人为本，做到从大处着眼，小处着手，夯实基础教育，不急功近利，追求教师学生共同发展。对学生而言，要求是、求真，老老实实做人，踏踏实实做事，不唯书，不唯上，但唯实，更唯真，踏实认真学习，知之为知之，不知为不知，脚踏实地而不弄虚作假，实事求是而不异想天开，坚持真理而不随波逐流。

4. 开拓。

开拓创新——开拓是指有创新的思想、创新的思维和创新的行为，敢于做前人没有做过、没有尝试过的事情。开拓创新是推动发展的动力，也是教育改革的需要。创新是一个民族的灵魂，也是和一不断发展的不竭动力。"现在一切美好的事物，无一不是创新的结果"（英国经济学家穆勒），无论对于人类社会还是每个生命个体而言，没有开拓创新就没有一切。在今天这个知识经济时代，世界要求我们不仅具备接受前人知识的能力，还必须具备独特的开拓创新能力。学校、教师要培养学生开拓创新、不断进取的精神。对教师而言，既要重视经验，又不墨守成规，要不断创新，积极投身教研教改，不断摸索、探求行之有效的新的教学方法，努力提高教育教学质量，同时要具有开放视野和探索精神，不断发现新事物，拓展新领域，创造新成果。对学生而言，要多动手、善思考，能自己发现问题并解决问题，争取有新发现、新见解、新发明、新创造。"天行健，君子以自强不息"（《周易》），和一人要有崇高的理想，敢于实践，敢于革新，敢于创造，闯前人未经之道，辟前人未历之境，在实践中不断总结经验，不断更新自己，充实自己，完善自己，发展自己，成就自己，创造辉煌。

（二）学校校风解读

学校校风——文明·守纪·友爱·勤学。

1. 文明。

举止文明——文明，是指人类社会摆脱蒙昧、野蛮、落后的程度和社会进步的状态，是一个国家、民族进步、开化、发达的标志。文明通常也指文明行为，即人们在日常生活中共同遵守的行为准则。广义上讲，就是"讲文明"，这是一个现代人必备的素质；狭义而言，就是"明晓规矩"，可以简单地理解为言行规范，遵循礼仪，讲究文明。学校是育人场所，一个重要的任务就是培养具有现代文明素质的合格学生，这就要求学校的精神、学校的管理、师生的行为等都应当是符合现代文明要求的。讲究文明，就是要从思想上划清文明与野蛮、与粗俗、与低级趣味的界限，以文明为荣，逐步形成文明的行为习惯与风气。因此，学校倡导：人人相互尊重，谈吐文雅，举止得体，知荣辱，明礼仪，遵纪守法，有良好行为习惯；既有文采、文藻，又开明、明智；既追求美好前程，又追求物质文明、精神文明、政治文明的和谐统一。

2. 守纪。

遵守纪律——师生共同遵规守纪，遵守社会公德，增强法律意识，做知法守法的好公民。纪律是钢，是群体运行的秩序保障。"秩序是自由的第一条件"（黑格尔），"纪律是胜利之母"（苏沃洛夫）。"没有规矩，不成方圆"，遵规守纪，是学校教育的重点，只有严格遵守纪律，才能养成良好的行为习惯，才能一步步走向成功。

3. 友爱。

友好亲爱——友爱是指没有地域、民族、性别和年龄等差别的限制，彼此以

"朋友""伙伴"相称，相互理解信任，相互支持帮助和志趣相近的人际关系双方或多方，在相互交际过程中自然流露出的亲切的情感。"友爱"强调的是和谐的人际关系，"和谐"即领导、老师、学生持同一价值观，互相尊重，互相信任，心怀爱心，乐于助人。"友爱"，是维系人与人之间温情的重要纽带，是构建一个和谐、温暖校园环境的重要条件，师生相互关心爱护，相互理解信任，相互支持帮助，相互鼓励促进。"一花独放不是春""众人拾柴火焰高"，任何一个学校，只有师生之间都能相互友爱、团结一致时，才能最大限度地发挥作用。失去"友爱之心"，个人就会变得冷漠自私、斤斤计较、不近人情……学校就会变得人心涣散、暮气沉沉、毫无活力……拥有一颗"友爱"之心，与人为善，有博大的胸怀和宽容的心态，用善良的眼光看待周围的人和事。

4.勤学。

勤奋学习——勤勤恳恳地努力学习。学有所成、事业有成，都离不开勤奋。勤于思考，勤于学习，勤于探索，刻苦努力，方能学以致用，生命、生活中的一切皆赖勤奋。作为教师，要勤于学习本专业及相关的文化知识，钻研教材、学习教法、不断探索，努力提高教育教学质量，唯其勤学，方能知识渊博，方法灵活，桃李满园，硕果累累。作为学生，应在教师的教育、引导下刻苦学习，勤于思考，不耻下问，唯其勤学，方能博学善思，成绩优秀，品质超拔，学有所成。

（三）学校教风解读

学校教风——敬业·爱生·求精·创新。

1.敬业。

敬职乐业——"敬业"语出《礼记·学记》之"敬业乐群"。朱熹说，"敬业"就是"专心致志以事其业"，即用一种恭敬严肃的态度对待自己的工作，认真负责，一心一意，任劳任怨，精益求精。敬业，源于对工作的热情，对学生的爱护，对责任的认同，对使命的承当。教师业务水平的基础就是要有爱岗敬业的基本精神，敬业是教师专业化发展的基本条件，只有把自己所从事的教育工作作为一项事业、作为一项科学工作来做，才能够从中收获快乐。只有喜爱自己的职业，积极投入，从中领略到职业的乐趣，才能够具有责任心、责任感、使命感。也只有真正理解敬业对于时代教育的意义，才能够潜心研究教材教法、才能够全身心投入到自己的工作之中、才能够实现历史赋予我们的责任。敬业精神是教师个体以明确的目标选择、朴素的价值观、忘我投入的志趣、认真负责的态度,从事自己的主导(教育教学)活动时表现出的个人品质。敬业是教师"责任"的最好体现;敬业,是对自己所从事职业的尊重和热爱;敬业,表现在对学问的孜孜以求;敬业,表现在团结协作。敬业精神是做好本职工作的重要前提和可靠保障,爱岗敬业,方能集中精力于本职工作,这是前提。教师工作中应以育人为乐,以极强的责任心,一丝不苟,恪尽职守,诲人不倦,严谨治学,潜心施教,创优良绩效,通过平凡的工作来成就自己终生为之奋斗的教育事业。爱岗敬业的教师,是教育事业的擎天柱,更是推进学校文化建设的主力军。教师的以身作则,言传身教,是启迪学生最有效的榜样。

2. 爱生。

热爱学生——爱生乐教,是教师基本职业道德,是一种宝贵的职业情感。爱是教育的根基,爱心教育犹如随风潜入夜的细雨,润物细无声。有爱润泽的师生情,是潜移默化的熏陶,是诲人不倦的情操,是无私奉献的动力,是循循善诱、为人师表的情感源泉。教师的责任心首要表现就是要有一颗爱生的心,爱生是教师的伟大情怀,爱心是育人的支点。教师只有尊重和关爱学生,才能使学生感受到教育的快乐。学生只有得到了关爱、尊重和理解,才能学会自尊、自重和自信。爱生是教师对"爱心"的具体实现,关心、理解、宽容、包涵、耐心、韧性、谅解等等都是"爱"的代名词。爱是教育的前提,爱生是师德的核心,爱生如爱了,则必会倾其所有以增其智,掘其能,使之成才。爱生,才能关心学生,尊重学生,爱护学生,着眼于学生的全面发展,为学生服务,倾心教育教学,用爱心、诚心、热心、细心、耐心换取家长的放心和学生的信任,帮助学生成人,成材,使其成为对社会有贡献的人。教师应该感谢和热爱学生,正是他们的天真和幼稚,才显示了社会和家庭对教育的需要;正是他们的进步和成长,才彰显了教师生命的价值和人生的意义。

3. 求精。

精益求精——精,完美;益,更加。已经好了还要求更好。求精,既是手段、方法、途径,也是目标;既是工作、学习上的认真严谨、一丝不苟的精神,也是矢志不移、孜孜以求所能达到的完美境界。教师的工作标准就是对待岗位工作要精益求精，既要"精确目标，精心设计，精细实施，精品呈现"，讲要精讲，导要精要，练要精选，也要做到严谨治学，精通业务，精湛教艺，精心育人，培养精英，追求卓越，止于至善。教师只有把工作的细节时刻做到"求精"，才能影响学生学习过程中的刻苦求知、精益求精。教师工作过程"求精"，又会促进教师在教育教学过程中发现新经验、新方法，进而推动教师的教科研水平进一步发展。教育是一项不完美的艺术，作为教师必须具有不满足现状的精神，认真反思自己完成的每一项工作，在反思中总结经验、查找问题。教育过程不可能不犯错误，关键是对待错误的态度。通过"求精"，就不会在同一个地点出现两次错误；通过"求精"，课堂教学就会更加精彩；通过"求精"，学生的课业负担就会减下来。唯其求精，才能做得更好，干出特色，创新每一天，培养出更出众的人才。

4. 创新。

勇于创新——打破传统，抛开旧的，创造新的。创新，是人类主观能动性的高级表现形式，是推动社会进步和发展的动力。创新，是任何事物向前发展的灵魂；创新，是一个民族、一个国家的希望；创新，是一个学校求进步、谋发展的强大力量。没有创新，就没有社会的进步；没有创新，就没有人类的今天；没有创新，就没有人类的未来。创新是一种综合素质，创新是时代的活力之源。创新是不墨守成规，解放思想、不懈探索、大胆超越的时代精神，需要具备敢于质疑的态度、善于反思的精神、勇于批判的能力、标新立异的气魄。当今信息时代，科技发展日新月异，教育环境复杂多变，价值取向多元多极，教育对象不断改变，作为教师，我们不能满足现状，不能固步自封，如果我们还照搬昨天的观念和方法来培养今天信息时代的学生，那是得不偿失的。作为教师，要与时俱进，锐意进取，要有创新意识、创新精神与创新行动，不断接受新思想、新观念和新事物，刷新观念、更新知识和创新方法，要敢于打破常规，敢于提出不同观点，具有挑战自我和权威的勇气，要积极转变教学观念，不断采取新措施、新方法，严格按照新课程的要求，大胆尝试课堂改革，努力构建高效课堂、生命课堂和道德课堂，要积极投身教研教改，不断摸索、探求行之有效的新的教学方法，努力提高教育教学质量。只有这样，才能适应时代发展的要求，才能在不断发展的教育事业和教学工作中永葆活力，才能让学生在新知识的学习过程中逐渐培养出创新能力，在创新的过程中让学生提高自信心，去创造美好人生，从而培养出富有创新精神和创造能力的学生。

（四）学校学风解读

学校学风——乐学·尊师·求是·有恒。

1. 乐学。

乐于学习——以学为乐，寓学于乐，乐中启智，追求唯学是进的学习风尚。"玉不琢，不成器；人不学，不知道"（《三字经》），学习是不以人的意志为转移的终身的事务，时代需要我们学习，人生的美好需要我们学习。学校是一个个体主动学习、自主学习、愉快学习的空间，唯有好学，才能夯实生活的底子。孔子云："知之者不如好之者，好之者不如乐之者。""兴趣是最好的老师"（爱因斯坦），乐学是一种自发的、积极的、主动的学习情绪体验和内部动力。只有乐学，才能表现出良好的心情和兴致，才能把学习看成是一种乐趣、追求和责任，一种通向智慧的快乐的人生旅途。学生一旦对学习产生了兴趣和快乐之感，喜欢学习，乐于学习，就会激发起更强的学习动机，爆发出强烈的学习欲望，从而全身心地投入到学习之中，充分享受学习带来的乐趣。"乐学"，既意味着宽阔的心胸，达观的态度，也是一种很高的学习境界：在快乐中学习，在快乐中工作，在快乐中生活。同时也因学习、工作而更加快乐。时代在进步，科技在发展，课程在不断深入，学习中也会遇到许多困难，乐于学习，还必须在实践中经受考验，锲而不舍，迎难而上，学行合一。

2. 尊师。

尊师重教——这是中华民族传统文化的精髓，也是社会进步的客观要求和社会文明的标志。《礼记·学记》云："师严然后道尊，道尊然后民之敬学。"意即教师受到社会普遍尊敬之后，教育才能得到重视，教育得到重视后人们才懂得努力学习。古人云："三教圣人，莫不有师；千古帝王，莫不有师。""不敬三师，是为忘恩，何能成道？"知识为人类开辟了认识世界、通往宇宙之路，而教师则带领我们打开了知识宝库的大门。教师的工作平凡而艰辛，却蕴含着伟大，创造着神奇。人的成长成才离不开教师。一个没有教师、没有知识、不尊敬教师的社会,不过是一片贫瘠的荒漠。我们只有通过自身的实际行动来弘扬尊师重教的优良传统,才能在社会上树立良好的学风,有力地推动学校教育事业的发展。尊师是做人的准则,学习的基础。师恩大如天、重如山,老师是启蒙和引导人生之路的灯塔和航标。"一日为师,终生为父",尊师是从思想上尊崇、从言语上尊敬、从行动上尊重,师道既尊,学风自善。

3. 求是。

求真务实——求,寻找,探索;是,正确,真的。求是,就是博学求知,探求真理,即探索规律,追求真理的态度、方法和过程。《汉书》云:"修学好古,实事求是"。即为务得实事,求得真是也。求是,既是对人生和事业目标的终极追求,又是对方法论的科学界定,为学风之精髓。从宏观上看,是追求客观真理;从微观上看,是追求一个具体事物的客观发展规律;从学术上看,是探求一门学科的研究方法和基本知识;从人格上看,是追求做人的真实性,做人要按照事物的本来面貌来认识和陈述这个事物。正如陶行知先生所说:"千教万教,教人求真;千学万学,学做真人。"对人真,方能得知己;对事真,才可获真知。作为学生,在做人和学习中,要做到"知之为知之,不知为不知",说真话,行真事,做真人,不断提升自身的实践能力和创新能力,脚踏实地,去除浮躁,务实求真,力戒虚假,追求真知灼见。

4. 有恒。

持之以恒—— 持恒守志,好学力行,永不停息。学以致用为纲,重在实践,讲求无倦与精进。人贵有志,学贵有恒。做事有恒,是一种品格修养;为学有恒,是一种求学境界。有恒则达之千里,无恒则一事无成。恒是矢志不渝的坚持,是持之以恒的精神,是坚忍不拔的志向,是汇聚点滴的毅力。恒者若水,昼夜不舍东流海;恒者若土,一筐一篑成九台。有恒,是学业成功之母,唯有勤勉不辍、坚持不懈,才能学有所成,改变自己的命运,真正实现自己的人生价值。有恒,是为学之根本,作为学生,对自己要勤勉,不能懈怠,学习上,要有一种锲而不舍、百折不挠的精神,滴水穿石,水滴石穿,功到自然成;要不断拓展知识广度,挖掘知识深度,提升品格素养,在日积月累、勤勉不懈之中体会进步的内涵,展现自己的潜能与特长,努力做一个自强的人,一个自信的人,一个有恒心的人。

校风、教风、学风与校训是一脉相承的有机组成部分,"友爱、爱生、尊师"源于爱心,"文明、守纪""敬业、求精"和"乐学、求是"源于责任,"勤学""创新""有恒"践于行动。"文明·守纪·友爱·勤学"的校风、"敬业·爱生·求精·创新"的教风与"乐学·尊师·求是·有恒"的学风,体现的是和一人精益求精、孜孜以求的精神品质,是严谨治学、求真务实的科学态度,是和一人以"立志·勤奋·求实·开拓"的校训信达天下的志气、豪气、锐气和大气。

●学校浮雕解读

在四个校址,都镶嵌着象征我校"和"文化内涵的浮雕。

口衔橄榄枝展翅翱翔的和平鸽,是和一地域与校名图像化的解读,也是和一人追求和平、友谊、团结与圣洁的象征;囊括古今中外各门类知识的图书,是和一教书育人神圣使命的承载,也是和一"全面＋优秀＋特长"培养目标的注解;"温而厉,威而不猛,恭而安"的孔子,是和一"有教无类""因材施教"教育理想的源泉,也是和一"专业＋优秀＋特质"师表形象的代表;南高北低的古典计时器日晷,是和一人心规若晷、行胜于言的鞭策,也是和一人惜时如金、期许未来的寄托;千古佳话"将相和"与"六尺巷"的典故,是和一海纳百川、有容乃大的写照,也是和一人包容豁达、谦和礼让美德的寄寓;乘风破浪的航船,是和一同舟共济、克难奋进的决心,也是和一人阳光自信、"规范＋优秀＋特色"、"直挂云帆济沧海"宏愿的象征。和睦同心,和合一致,和衷共济,和谐发展,和一的"和合教育"在这里得到了完美的诠释。

第四节　学校周边交通识别

▼
▼
▼

和平街一中莲葩园校区位于北苑家园莲葩园。

1−7　北苑家园位置图

　　北苑家园位于北五环以北,坐拥北京最具升值发展潜力之一的亚奥商圈,北临清河水系,东连燕莎商圈、CBD 中央商务区,西拥中关村科技园。北苑家园占地 104 公顷,总建筑面积 230 多万平米,共分以下园区:望春园(奥城)、莲葩园(秀城)、绣菊园、紫绶园、清友园、茉藜园(润城)、锦城(中心区)。每个园区都拥有相对独立的生活配套设施,相互辉映,融为一体。这不仅使整个社区空间层次感变强,又形成有机连接,在社区环境上,也有利于突出区域自身的个性特征。

实践活动

请对校园周边的服务设施进行调查，并进行简要评价。

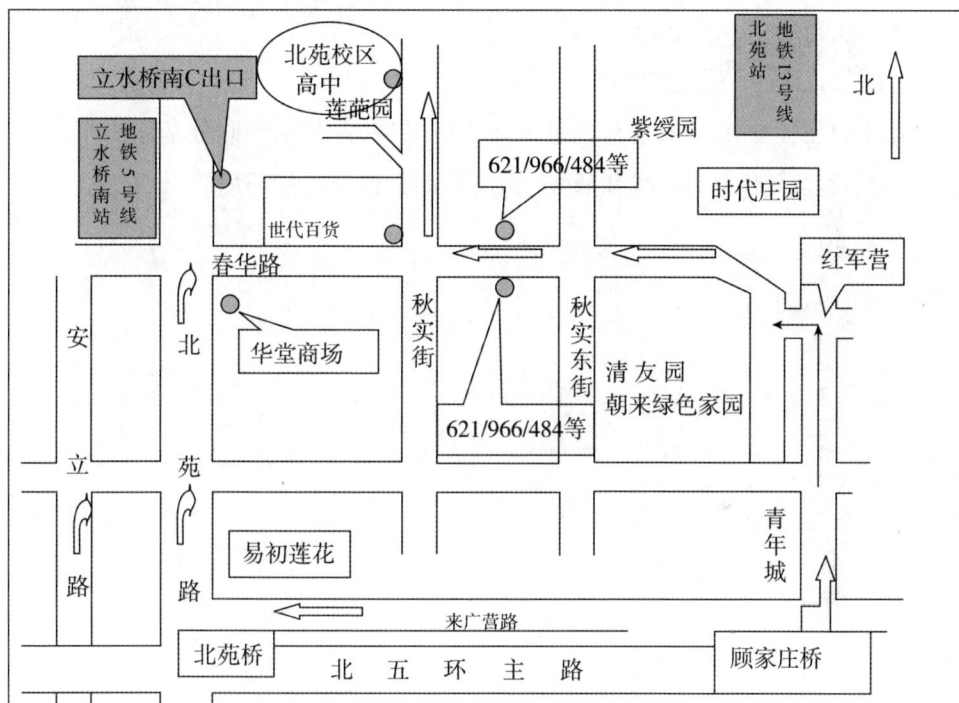

1-8 校园周边示意图

●乘坐公交

乘坐 621、695、653、803、484、966、517、602、466 等公交车到北苑家园西站下车，向西到路口（看到麦当劳）右转向北，可到和平街一中莲葩园校区（北苑家园西站车站到学校步行距离约 560 米）。

●乘坐轨道交通

1. 城铁 13 号线到北苑站下车，乘坐 484 到北苑家园西站，向西到路口（看到麦当劳）右转向北，可到和平街一中中学部（北苑站到学校步行距离约 1.8 公里）。

2.地铁 5 号线到立水桥南站下车,C 口,步行向南到北苑家园牌坊,向东到秋实街(看到麦当劳),左转,即可到莲葩园校区(立水桥南站到学校步行距离约 1.1 公里或者乘坐 517、966、621 等到北苑家园西站的公交车)。

实践活动

1.用自己手中的笔或镜头记录下学校的景致,并与同学们分享你的作品。

2.查找学校附近的路线和商场,尽快熟悉学校周边的环境。

朝阳，放飞理想的第二故乡

和平街一中位于朝阳区，你了解朝阳吗？让我们走进朝阳的历史和现在。

第一节　朝阳区基本概况

▼
▼
▼

●地理位置

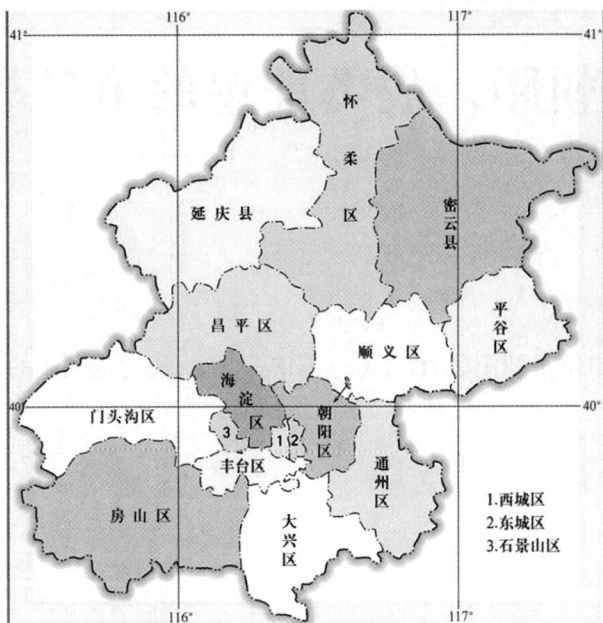

2-1　朝阳区地理位置

想一想,我们可以从哪些方面
认识朝阳区的地理位置呢?

课堂活动

1.在图2-1中用红笔描出朝阳区的轮廓,并写出与朝阳区相邻的城区及郊区的名称。

2. 描述朝阳区的地理位置。

3. 在图中找出朝阳区的一块"飞地"，并据此尝试解释何为"飞地"？

学习方法指导

描述地理位置的方法：

地理位置包括绝对位置和相对位置。

绝对位置主要有：1. 半球位置：北半球、南半球、东半球、西半球；2. 经纬度位置：（1）如果这个城市用点来表示，说出该点经过的经度和纬度并判断其所在的低、中、高纬和五带即可。（2）如果是区域的经度位置：描述该区域最东、最西的经度及穿过的主要经线；纬度位置：①重要的地理纬线（赤道，南、北回归线，南、北极圈）穿过的大致部位；②判断大部分位于"五带"中的哪一带；③判断大部分位于"中、低、高纬"的哪个范围。

相对位置主要包括海陆位置和相邻位置。海陆位置包括：（1）本区域在上一级行政区划的方位；（2）本区域在相邻海域的方位。相邻位置是指与本区域相邻的国家或省级行政区划或与区域同等级的其他区划。

点击网络

飞地——飞地是一种特殊的人文地理现象，指隶属于某一行政区管辖但不与本区毗连的土地。通俗地讲，如果某一行政主体拥有一块飞地，那么它无法取道自己的行政区域到达该地，只能"飞"过其他行政主体的属地，才能到达自己的飞地。首都机场位于顺义区内，就是朝阳区的一块飞地。

2-2 首都机场与朝阳区的位置关系

●朝阳区概况

朝阳区位于北京市的东部,辖域面积 470.8 平方千米。南北略长,最长约 28 千米;东西稍窄,最宽约 17 千米。区域地理坐标为北纬 39°49′至 40°5′;东经 116°21′至 116°38′。西与东城区、丰台区、海淀区相毗邻,北连昌平区、顺义区,东与通州区接壤,南与大兴区相邻,是北京市城近郊区中面积最大的的一个区。2008 年末,全区常住人口 308.3 万,其中户籍人口 208.5 万,外来人口 99.8 万。区现行行政区划,有 23 个街道办事处,20 个乡。

朝阳区地处平原,地势从西北向东南缓缓倾斜。平均海拔 34 米。属温带大陆型半湿润季风气候,四季分明,降水集中。春季干燥多风,昼夜温差较大;夏季炎热多雨;秋季晴朗少雨,冷暖适宜,光照充足;冬季寒冷干燥,多风少雪。

朝阳区河湖水系众多。朝阳区地表水属海河流域北运河水系。北运河水系是唯一发源于北京的水系,其上游有温榆河、通惠河、凉水河等支流。朝阳区北部大致以清河为界,东北部大致以温榆河为界。

课堂活动

通过资料调查,完成下表,并说出朝阳区人口总数和面积在城区中的位次。

	北京市	朝阳区	西城区	东城区	海淀区	丰台区	石景山区
面积（平方千米）							
人口（万人）							

课堂活动

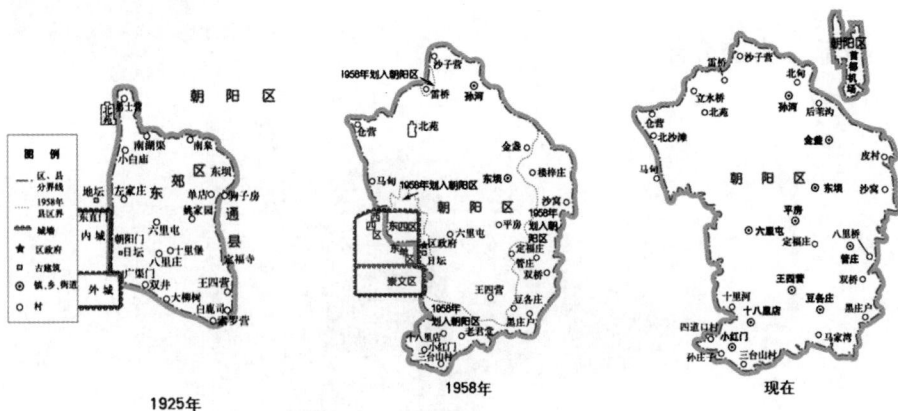

2－3　朝阳区行政区划变化

结合图 2－3,描述朝阳区行政区划的发展变化。

第二节　回望朝阳区的过往

▼
▼
▼

●朝阳区的历史

朝阳区的历史可以追溯到秦。从秦至隋唐,朝阳区属广阳郡,后属幽州所辖的蓟县,辽时归燕京道析津府,金时属中都路大兴府,元代将中都路大兴府改为中都路大兴县,明清时属京师顺天府,仍归大兴县管辖。

本地区 1925 年设区,称北京市东郊区。1928 年改为北平市东郊区。1958 年经国务院批准改为朝阳区。

课堂活动

●部分古迹介绍

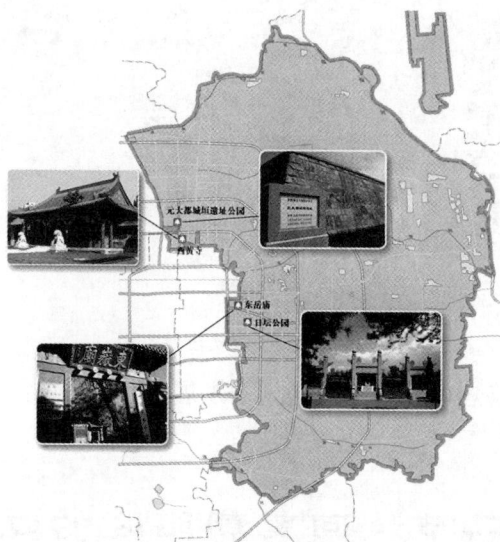

2-4 元大都城垣遗址公园、西黄寺、东岳庙、日坛公园在朝阳区的位置

在图2-4中查找朝阳区古迹的位置,结合网络设计从学校抵达那里的路线。

东岳庙坐落于朝阳门外大街中段,始建于公元1319年,主祀有泰山神东岳大帝及众神体系,是道教正一派在华北地区最大的宫观。原占地6万平方米,由中路正院及东、西跨院组成,共有七进院落,融集廊院式、四合院式布局为一体,是具有元、明、清三代建筑风格的古建筑群。

2-5 东岳庙

第二章　朝阳，放飞理想的第二故乡

元大都遗址公园跨朝阳和海淀两区，居健安东路和健安西路北侧，全长6730米。其中位于朝阳区内的部分东至土角楼西侧服装学院东部，西至昌平路，东西走向，跨亚运村、小关两街道办事处管辖，长度为4173米。因其为元大都北城墙，且全部用土夯筑而成，故名土城。

2-6　元大都城垣遗址公园

日坛公园位于朝阳门外东南日坛北路6号，又名朝日坛。原为明锦衣卫萧瑛地，明嘉靖九年(1530年)始建。日坛公园是北京市著名文物古迹"五坛"之一，明、清两代帝王祭祀大明之神(太阳)的地方。2006年5月，日坛公园作为明至清时期古建筑，被国务院批准列入第六批全国重点文物保护单位名单。

2-7　日坛公园

西黄寺位于黄寺大街，始建于清顺治九年（1652年），是清政府为迎接西藏五世达赖喇嘛入京朝贺修建的供其下榻居留的地方。西黄寺成为中央政府与西藏地区之间政治联系纽带证明。

2－8　西黄寺

实践活动

东岳庙、西黄寺、日坛公园、元大都城垣遗址目前都得到了比较好的保护和利用。

请设计一次朝阳旅游活动计划，参观并详细调查以上四处古迹。

第三节　朝阳区的经济发展

●朝阳区产业变化

历史上朝阳区曾经是重要的小麦种植区，随着首都城市建设的发展，新的工业区、住宅区、商业区、外事活动区不断建立，各项市政建设逐步扩大，大量的农业用地被占用，致使土地利用类型发生了变化。

第二章 朝阳,放飞理想的第二故乡

传统农业   都市农业

想一想什么是传统农业和都市农业呢?

根据图片呈现的内容,描述传统农业和都市农业的区别。

点击网络

传统农业是在自然经济条件下,采用人力、畜力、手工工具、铁器等为主的手工劳动方式,靠世代积累下来的传统经验发展,以自给自足的自然经济居主导地位的农业,是采用历史上沿袭下来的耕作方法和农业技术的农业。传统农业具有低能耗、低污染等特征,在当今时代依然发挥着重要作用。

都市农业的概念,是 20 世纪五六十年代由美国的一些经济学家首先提出来的。都市农业是指地处都市及其延伸地带,紧密依托并服务于都市的农业。它是大都市中、都市郊区和大都市经济圈以内,以适应现代化都市生存与发展需要而形成的现代农业。都市农业是以生态绿色农业、观光休闲农业、市场创汇农业、高科技现代农业为标志,以农业高科技武装的园艺化、设施化、工厂化生产为主要手段,以大都市市场需求为导向,融生产性、生活性和生态性于一体,高质高效和可持续发展相结合的现代农业。

目前,朝阳区是首都的经济大区之一,也是发展强区,是对外交往的窗口区,是首都文化要素、资源、人才最为集中的区域之一。其中,旅游业、金融业、服务业、文化创意产业快速发展,在转变经济发展方式,推进城乡一体化,繁荣文化事业,提升区域软实力等方面发挥了重要作用。

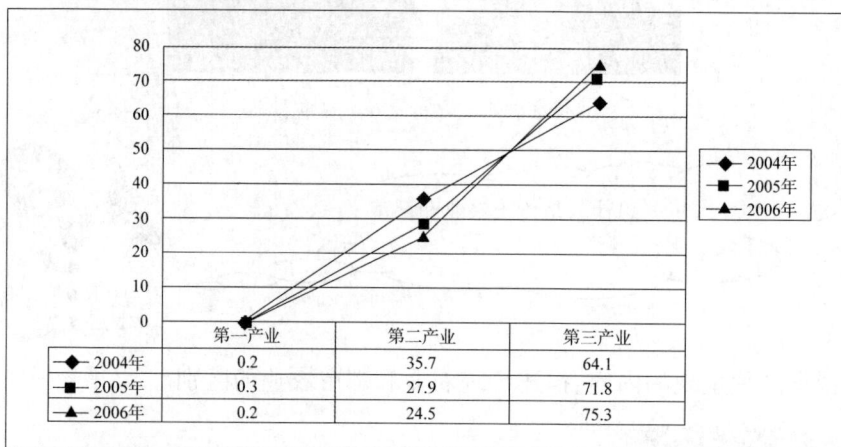

课堂活动

	第一产业	第二产业	第三产业
2004年	0.2	35.7	64.1
2005年	0.3	27.9	71.8
2006年	0.2	24.5	75.3

2-9 2004—2006年三大产业结构情况

1. 据图说出朝阳区一、二、三产业结构的变化。

2. 分析产生这种变化的原因。

●朝阳区旅游业发展变化

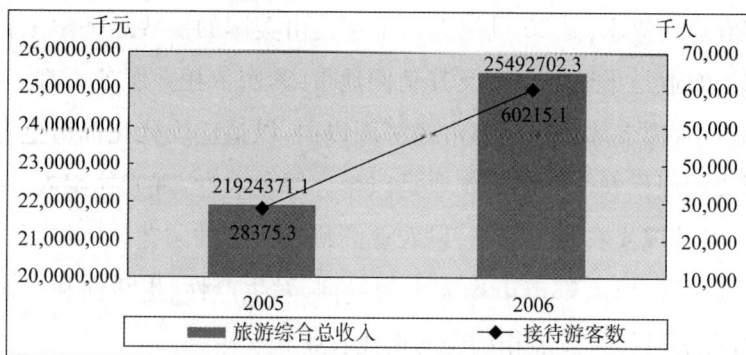

2-10 旅游业的发展变化

从旅游综合总收入和游客数量概括朝阳区旅游业的发展变化。

课堂活动

蟹岛绿色生态度假村总占地3300亩,是集种植、养殖、旅游、度假、休闲、生态农业观光为一体的综合度假村。

蟹岛绿色生态度假村是北京市朝阳区推动农业产业化结构调整的重点示范单位,也是中国环境科学学会指定的北京绿色生态园基地。

度假村环境优雅、空气清新、设备齐全,"前店后园"的布局别具一格。整个园区分四大块:种植园区、养殖园区、科技园区和旅游度假园区,最大限度方便游人的旅游观光。

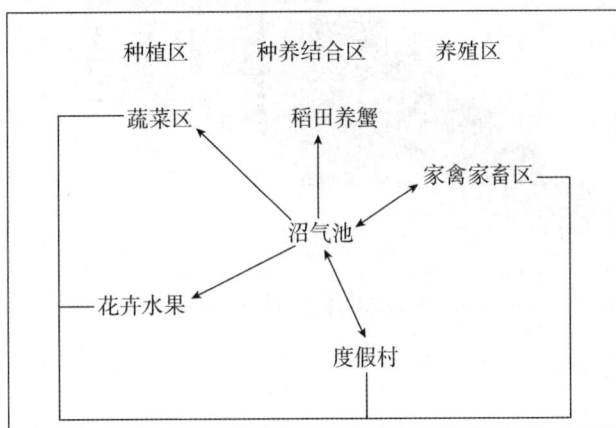

2-11 蟹岛生产链示意图

阅读蟹岛生产链图,说明其生产特点。

实践活动

利用休息日参观朝阳区的一个生态农业园区,拍摄一些照片,搜集当地的文字图片材料,对比它的过去和现在,了解它的变化,分析它产生变化的原因,并把你的调查结果做成研究性学习作品,分享给你的同学。

第四节 朝阳区经济的腾飞

朝阳区依托其优越的地理位置、政策支持,经济飞速发展。

2001—2010年地区生产总值

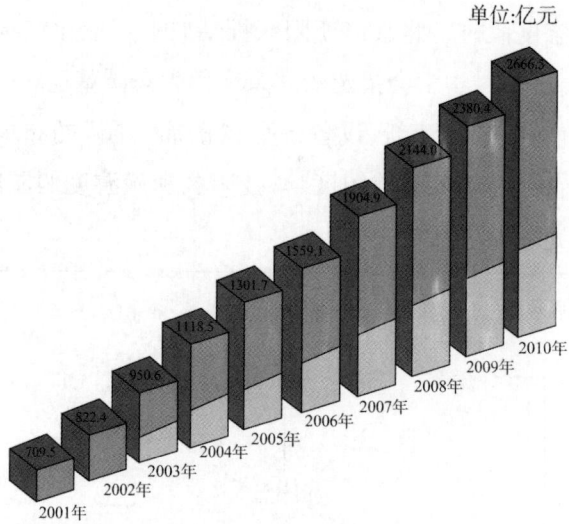

单位:亿元

2666.5
2380.4
2144.0
1904.9
1559.1
1301.7
1118.5
950.6
822.4
709.5

2001年　2002年　2003年　2004年　2005年　2006年　2007年　2008年　2009年　2010年

2005—2010年社会消费品零售额

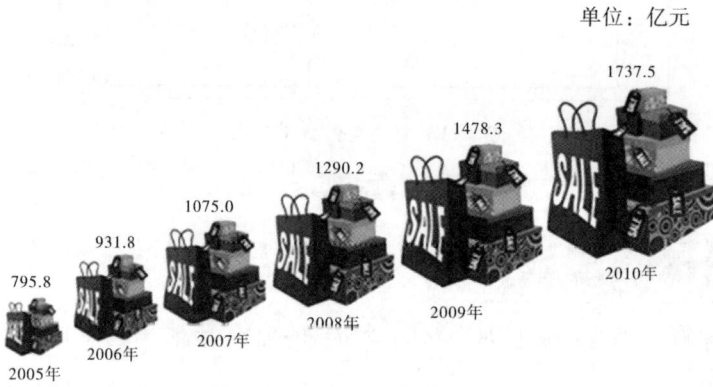

单位：亿元

1737.5
1478.3
1290.2
1075.0
931.8
795.8

2005年　2006年　2007年　2008年　2009年　2010年

2005—2010年城乡居民人均收入

单位：元

2005年	17506
2006年	19422
2007年	22377
2008年	25535
2009年	27608
2010年	30134

2005年	11085
2006年	11941
2007年	13284
2008年	15090
2009年	16633
2010年	18331

城市居民人均可支配收入　　　　农村居民人均纯收入

2-12　朝阳区经济发展数据

第二章 朝阳,放飞理想的第二故乡

地区生产总值(地区 GDP)是指本地区所有常住单位在一定时期内生产活动的最终成果。地区生产总值等于各产业增加值之和。

课堂活动

通过对比以上数据,你能得出什么结论?

北京商务中心区(Beijing Central Business District),简称北京 CBD,地处北京市长安街、建国门、国贸和燕莎使馆区的交汇区。

北京 CBD 是西起东大桥路、东至东四环,南起通惠河、北至朝阳北路之间 7 平方千米的区域。这里是摩托罗拉、惠普、三星、德意志银行等众多世界 500 强企业中国总部所在地,也是中央电视台、北京电视台传媒企业的新址,是国内众多金融、保险、地产、网络等高端企业的所在地,也拥有众多微型信贷服务机构,是金融工具的汇集之处,代表着时尚的前沿。同时,CBD 又是无数中小企业创业和成长的摇篮。

北京商务中心区、使馆区、国际文化交流区像一张张名片,向世界展示着一史腾飞的凤凰。由于城市建设与发展,这些工业逐渐迁移或转型,取而代之的是高附加值的产业部门,使经济得以腾飞。

点击网络

世界上很多城市都有自己的中央商务区，上网查找相关信息，与同学们交流。

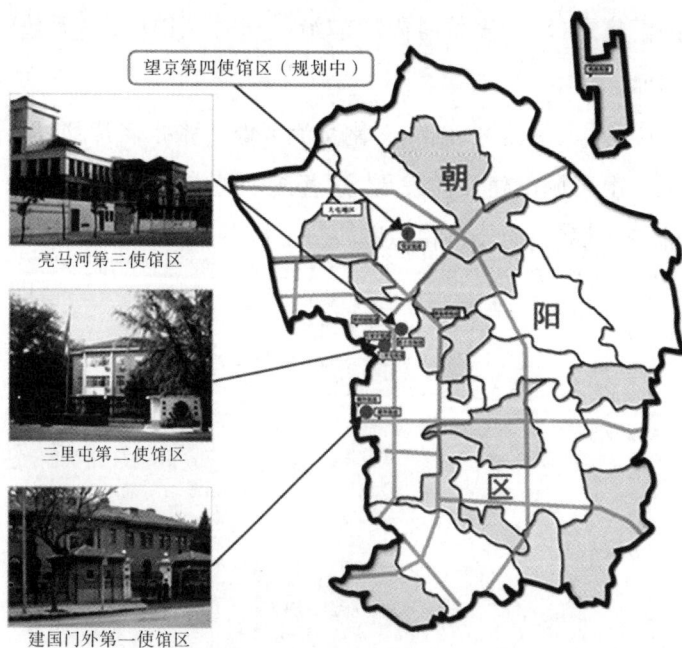

望京第四使馆区（规划中）

亮马河第三使馆区

三里屯第二使馆区

建国门外第一使馆区

朝

阳

区

2-13　朝阳区使馆区分布示意图

第二章　朝阳，放飞理想的第二故乡

新中国成立后，在朝阳区建国门外、三里屯、亮马河地区逐渐形成了三个使馆区。望京新城的东北角是规划中的"第四使馆区"。

国际文化交流区位于奥林匹克公园中心区，是集会展、旅游、文化、体育为一体的博物馆聚集区。这里将成为北京建设世界城市的文化标志之一。

在奥林匹克公园已经建成了中国科学技术馆、国家动物博物馆、中华民族博物馆、炎黄艺术馆等一批特色博物馆。未来，将建成中国美术馆新馆、中国工艺美术馆、中国音乐博物馆、中国戏曲博物馆、奥运博物馆等5家"国字头"博物馆。

2-14　水立方

2-15　鸟巢

课堂活动

1. 网络查找"丹凤朝阳"的 Logo，并用它设计不同造型的宣传纪念品。

2. 根据图片材料，说说你对朝阳区未来规划的设想。

第三章

北京，伟大祖国的心脏

打开中国地图，最醒目的是中国东部北纬40°上那颗耀眼的红五角星，这就是北京——伟大祖国的心脏。北京有着悠久的历史和深厚的文化积淀，这些都与北京的地理位置有着密切的联系。走进北京，了解北京，我们就首先从认识北京的地理位置开始。

第一节　北京的地理位置和行政区划

▼
▼
▼

> 想一想，我们可以从哪些方面认识北京的地理位置呢？

●地理位置

北京市中心位于北纬 $39°54'27''$、东经 $116°23'17''$。北京位于燕山以南，太行山以东，华北平原的北部边缘。东南，与河北省、天津市为邻。西部有属于太行山的西山，北有燕山山脉。诚如古人所言："幽州之地，左环沧海，右拥太行，北枕居庸，南襟河济，诚天府之国。"

从西北出居庸关，可进入蒙古高原。

西面是黄土高原能源基地和广袤的大西北。

东南是伸向渤海的平原，与渤海直线距离仅150千米。

向东出山海关，可进入东北地区。

南面是物产丰富的黄淮海平原。

古代关口
古代交通大道

3-1　北京的地理位置

北京所在地区地理位置优越,西、北、东北三面被群山环绕,南面连接华北平原,自古成为交通的要道。北京地理位置的优越性主要表现在:①纬度位置和海陆位置优越:北京地处中纬度暖温带,虽地处内陆但距海不远,这样的地理位置使北京有适合城市发展的冷热、干湿都适中的气候优势;②战略位置优越:北京的地形地势决定了北京在战争年代易守难攻,和平年代适宜经济发展、城市建设;③经济区位优越:北京西部背靠我国黄土高原的能源、原材料基地,南邻粮、棉、油等物产丰富的黄淮海平原,北抵我国最大的牧区内蒙古牧区,这些区域为北京市的经济发展、城市建设和人民生活奠定了坚实的物质基础。

课堂活动

通过学习北京的地理位置,总结描述某地地理位置的方法。

●行政区划

解放后北京的行政区划范围经过六次调整,直到 2015 年形成了今天十六区的格局。其中地处北京二环路以内的东城区、西城区两个区是传统意义上的内城区,而随着城市的扩张,朝阳区、海淀区、丰台区和石景山区也被认为是城内地区,形成了"城六区"的概念。规划中北京市城区的范围是北京五环路以内。

3 – 2　北京市行政区图(截止到 2015 年底)

梦想,从这里启航

①首都功能核心区

首都功能核心区	面积（平方公里）	人口	邮政编码	政府驻地
东城区	42	96 万	100010	钱粮胡同 3 号
西城区	51	132 万	100032	二龙路 27 号

②城市功能拓展区

城市功能拓展区	面积（平方公里）	人口	邮政编码	政府驻地
海淀区	431	211 万	100089	长春桥路 17 号
朝阳区	465	183 万	100020	日坛北街 33 号
丰台区	306	104 万	100071	丰台街道文体路 2 号
石景山区	86	36 万	100043	石景山路 18 号

③城市发展新区

城市发展新区	面积（平方公里）	人口	邮政编码	政府驻地
通州区	912	65 万	101100	新华北街 161 号
顺义区	1021	57 万	101300	府前中街 5 号
房山区	1994	77 万	102488	良乡镇政通路 1 号
大兴区	1040	59 万	102600	黄村镇兴政街 15 号
昌平区	1352	51 万	102200	政府街 19 号

④生态涵养发展区

生态涵养发展区	面积（平方公里）	人口	邮政编码	政府驻地
怀柔区	2128	28 万	101400	怀柔镇府前街 15 号
平谷区	1075	40 万	101200	平谷镇府前大街 7 号
门头沟区	1455	24 万	102300	新桥大街 36 号
密云县	2227	43 万	101500	鼓楼西大街 3 号
延庆县	1993	28 万	102100	湖北西路 1 号

（资料截至 2012 年末）

知识链接

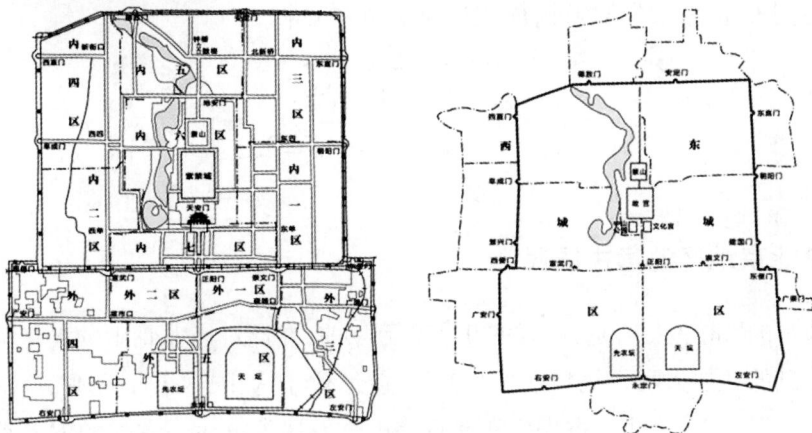

3-3　北京城区的历史变化

过去,祖辈对北京城曾有过"里九外七皇城四"的说法,那是指内城九门、外城七门,再加上天安门、地安门、西安门和东安门所包围的皇城,在这个范围内便是北京城了,实际就是指现今二环路以内的地区。如今,新中国成立60多年来的建设,使旧北京的城墙早已不复存在,郊外正神话般地耸立起幢幢大厦、簇簇新楼,过去的荒郊野外已经出现了一片片新市区。新北京城的界线在哪里?

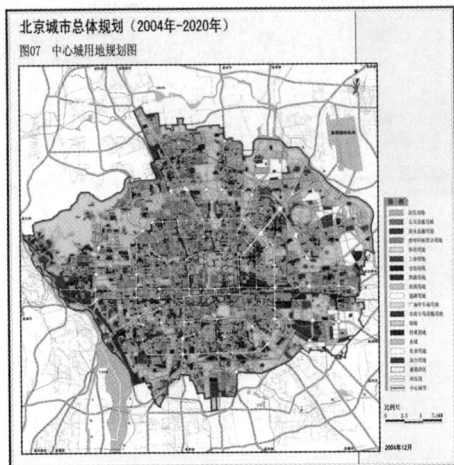

3-4　北京城市总体规划(2004年-2020年)

按照《北京城市总体规划》,北京规划市区的范围,东起定福庄,西到石景山，北起清河，南到南苑，方圆约 1040 平方千米，约占全市总面积的 6%，东城区、西城区、朝阳区、石景山区的全部，以及海淀、丰台两区的大部分。其中心地区的范围大体在四环路内外，面积近 300 平方千米。

想一想，最早的北京人分布在哪儿呢？

●北京地区的远古居民

最早的"北京人"，是距今约 70—20 万年前，在周口店龙骨山的天然洞穴中繁衍生息的原始人群。周口店"北京人"遗址位于房山区，在北京城西南约 50 千米。公元 1929 年裴文中先生在北京房山县发现了第一个完整的古人类头盖骨化石，这就是轰动世界的北京人头盖骨化石，将其命名为"中国猿人北京种"，简称"北京人"，距现在约 70—50 万年前，当时人们生活在石灰岩山洞里，以渔猎为主要经济活动方式。

周口店"北京人"遗址

这些宝贵的"北京人"头盖骨化石当时保存在美国人开办的协和医院实验室中。抗日战争期间日军占领北平，这些化石在转移过程中遗失，至今下落不明。近年来，房山区有关人士发起了一个寻找"北京人"头盖骨化石的活动，得到过一些线索，但至今未能找到。

北京人头部复原像

实践活动

1.以班级学习小组形式，去一处古人类遗址参观考察，并搜集整理相关资料。

2.分工合作，将搜集来的资料加工设计成一个专题小报，如"远古祖先的生活""古迹寻踪"等。

第二节 北京的历史沿革

据考古专家的考证，北京城不仅是辽、金、元、明、清的五朝古都，而且早在西周时期便是燕国的都城。北京是历史悠久的古城，从西周时期的燕都算起，至今已有3000多年的历史。它的城址几经沧桑，它的名称多次变更。那么，北京城究竟是怎样诞生的？后来又如何发展和变迁？下面，就让我们一起来追溯一下它的历史。

●从燕国的都城到北方要塞

在商代后期，北京地区已有城市出现。早在西周时期北京地区就成为封国重镇。

公元前1045年周灭商后，分封诸侯。据《史记·周本纪》载，武王封帝尧之后于蓟，封召公奭于燕。后来燕并蓟，迁都蓟城。

知识链接

燕的都城在今天北京城的什么位置？经史学家考证，确认在今天房山区琉璃河镇的董家林。1962年始，考古工作者在此陆续进行考古发掘，发现商周时代古城遗址和数十座商周墓葬，其中有燕国王侯的大型墓葬和车马坑，出土一批极珍贵的商周青铜器、陶器和其他生产与生活器具。1986年，在董家林商周遗址出土了青铜器堇鼎，其内侧有铭文，大意是：燕侯命堇到都城向太保敬奉美食，太保犒赏堇贝币(货币的一种)，堇用这些贝币为太子制作了这座铜鼎。证明召公的封地就在此。这里是燕国最初的都城。这些考古发现对于研究北京先秦史具有重要意义。

堇鼎

战国时期，燕为七雄之一。设置上谷、渔阳、右北平、辽西、辽东 5 郡，郡下设县。北京地区历史上的郡县制自此开始。

公元前 226 年，秦国攻燕，占领蓟城。

从秦到隋唐时期，蓟城凭借它有利的地理位置，在中原汉族地区和北方少数民族地区之间，起着非常重要的作用，因而逐渐发展成为我国北方的一个军事重镇和交通贸易中心。汉朝时，蓟城是广阳郡的行政中心。隋朝以蓟城为涿郡的行政中心。唐朝初期改涿郡为幽州，治所仍在蓟城，叫幽州城。唐朝末年，发迹于北方的辽，南侵占据了幽州城，并将它定为陪都，改名南京，又称燕京。辽以后的金占据幽州城之后，迁都燕京，改名中都，并且成为中国北方的政治、文化中心。

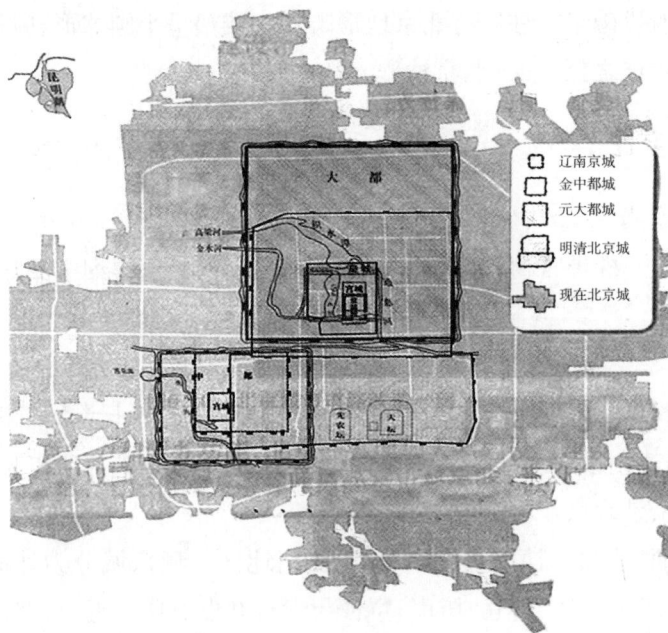

3 - 5　北京古代城区的变迁

现在的北京城是在东周燕都蓟城的基础上发展起来的,它的故址就在广安门到白云观一带。

知识链接

1995 年中共宣武区委和区人民政府为纪念北京建城 3040 年,决定设立蓟城纪念柱。立于广安门以北护城河西岸的滨河公园内(辽、金时期宫城的中轴线上)。整体为花岗石建造,高 8.5 米,底座1.5 米,建于方形台基之上。柱身呈圆角长方形,造型借用北京现存最古老的汉代墓表式样,古朴凝重。纪念柱正面上方镌有柱铭:"北京城区,肇始斯地,其时为周,

蓟城纪念柱

其名曰蓟"。柱前立有石碑,正面是历史地理学家侯仁之所撰《北京建城记》,全文共 498 字,对北京自建城至今的 3000 多年历史进行了高度概括;背面是宣

武区人民政府建碑记。柱后有北京地形雕塑。雕塑呈半圆球形,雕塑的圆形底座前部刻有侯仁之撰写的《北京湾》。

●都城变迁

北京是辽燕京、金中都、元大都和明清都城所在地。这里的红墙黄瓦、胡同、旧宅,甚至一棵棵古树,都承载着历史的沧桑,都是值得细细品味的故事。

●辽燕京城

公元 926 年契丹人建立了自己的政权,在吞并燕云十六州后即改国号为辽,并在幽州建立了陪都,因为其陪都建立在大辽疆域的南部所以称南京,又叫燕京。辽燕京是北京作为都城的开始。

这一时期皇城的城垣位于今天的广安门地区。燕京城分为外城和皇城两重,城中划为二十六坊,街巷、坊市、廨舍与寺观井然有序。老百姓住在坊内,城里的店铺和市集集中在六街和北市,其中六街最热闹,尤其是节日的夜晚,灯火如昼,游人如织,连辽国的皇帝也常常换上普通百姓的服装上街观景。

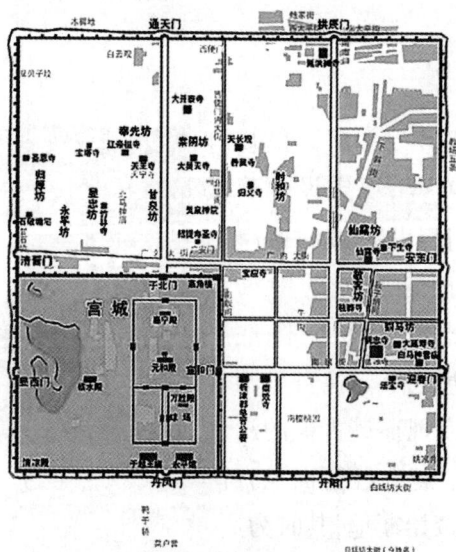

3-6　辽南京复原图

辽虽然将幽州城定为燕京,但是并没有进行大规模的修建。辽燕京的位置,位于今北京广安门一带,其东城墙约在今法源寺东一线;南城墙在今宣武区白纸坊东西街至姚家井一线;西城墙在今会城门东村至莲花池之间一线;北城墙在今复兴门南一线。

辽皇帝倡导佛教,兴寺拜佛,优待僧徒。燕京城内外在这一时期兴建了不少规模宏伟、造型精巧的寺庙殿塔,如那时修建的大觉寺、戒台寺、天宁寺和灵光寺这四座古寺至今还是北京的名胜古迹。坐落在今宣武区牛街的牛街清真寺,相传就是有大食(中国古代对阿拉伯帝国的称呼)来中国传教的伊斯兰教长在辽代时创建的,当时的穆斯林就在这里做礼拜。

大觉寺山门

天宁寺塔

戒台寺的戒坛

灵光寺的舍利塔

●金中都城

正当辽统治衰落的时候,中国东北部女真人在1115年建立金。1125年,金灭辽。到1151年,金皇帝下令将都城迁到燕京。两年后,正式迁都燕京,改称中都。从此，中都成为北中国的政治中心。

金中都城是仿照北宋都城东京（今河南开封），在辽燕京城的基础上进行改建、扩建而成的。中都城略成方形，分为外城、皇城和宫城三部分。皇城在外城中央偏西，北边接宫城，南门的里面左边是太庙，右边是衙署；宫城内有 36 座宫殿和很多楼阁。整个中都城规划完整，布局严密，宫殿宏丽，环境优美，是北京城历史上第一座建制规整、设计精妙的皇都。

3-7 金中都城复原示意图

金中都城址在今北京城西南，大约以今广安门一带为中心。外城略呈方形，有 13 座城门；东南城角在旧永定门火车站西南；东北城角在今宣武区内翠花街；西北城角在今丰台区凤凰嘴村；南城的丰宜门和北城的通玄门遥遥相对，分居全城南北中轴线的两端。

想一想,金中都这样一个城市,在当时怎样解决排水问题呢?

知识链接

　　金中都水关遗址位于北京市丰台区右安门外玉林小区凉水河以北 50 米处,水关遗址全长 43.4 米,为金代建筑物,属全国重点文物保护单位,是迄今所发现的唯一一处完整的金中都建筑遗址。水关是古代城墙下供河水进出的水道建筑。金中都水关遗址跨城墙而建,木石结构,水流经水涵洞由北向南穿城而出,流入护城河。现存的遗址主要有水涵洞地面铺石、两侧的残余石壁、进水口的“摆手”即城墙夯土等。金中都水关的发现可以基本复原历史上金中都城内　条重要水系的发源、流经方向和位置。金中都水关遗址是迄今国内所发现规模最大、保存较完整的一处水关遗址,为

金中都水关遗址

金中都城和中国古代城市的研究提供了难得的实物资料。

　　金中都城是在辽南京城的基础上扩建的,呈大城、皇城、宫城三重城垣相套的格局。城的居民区称为坊。金中都城内共有 62 坊。东、西、南各有 3 个城门。现在军事博物馆南面有个地名叫会城门,那里就是中都城北面最西边的城门旧址;西三环路上新建的丽泽桥,就是取自金中都城西南角一个城门的名称。金中都城兴建之后不到百年,就被北方兴起的蒙古部族骑兵付之一炬。

　　由于金中都城是环绕着辽燕京城扩建而成的。城墙平面基本呈正方形,

北城墙与辽燕京城北墙重叠，东、南、西三面向外扩展，周围 36 里，面积约为辽燕京城的 1.8 倍。共开有 13 个城门，东面是施仁门、宣曜门、阳春门，南面是景风门、丰宜门、端礼门，西面是丽泽门、颢华门、彰仪门，北面是会城门、通玄门、崇智门、光泰门。金中都城中心的皇城东西向窄，南北向长，其基址重叠在今广安门南滨河路一线，平面呈长方形，周围 9 里，共开有 4 个城门，东面是宣华门，南面是宣阳门，西面是玉华门，北面是拱辰门。皇城之内是宫城，有宫殿 36 所，排列九重，正殿是大安殿，是皇帝上朝和典礼的地方。皇城之内还建有太后寿康宫、太子东宫、妃嫔十六宫、文楼、武楼、来宁馆、会同馆等宫殿楼阁。金中都城的皇宫完全仿照北宋故都开封皇宫的样式，承袭北宋末年奢华浮艳的风格。

元朝统一中国后，认为中都"龙蟠虎踞，形势雄伟，南控江淮，北连朔漠"，决定在原中都城的东北郊建立新城，定名大都，并迁都于此。从此，北京成为统一的多民族封建国家的政治中心。大都意为"汗之都"，就是帝王都城之意。大都城布局完整，建筑宏伟，经济繁荣，贸易发达，是当时世界著名的大都市。

实践活动

查找相关资料：了解北京的发展状况，以历史为线索进行北京某方面发展变化的资料整理，并分享给其他同学。

第三节　北京的自然环境

传说北京前水后山是一块宝地。北京的地理位置、地形地质以及气候等自然特征为北京形成和发展奠定了基础。北京旧城的布局，既与水源的分布有关，也与其气候特征密切相关。

从北京地图形上找出北京有哪些地形区？概括其地形特征。

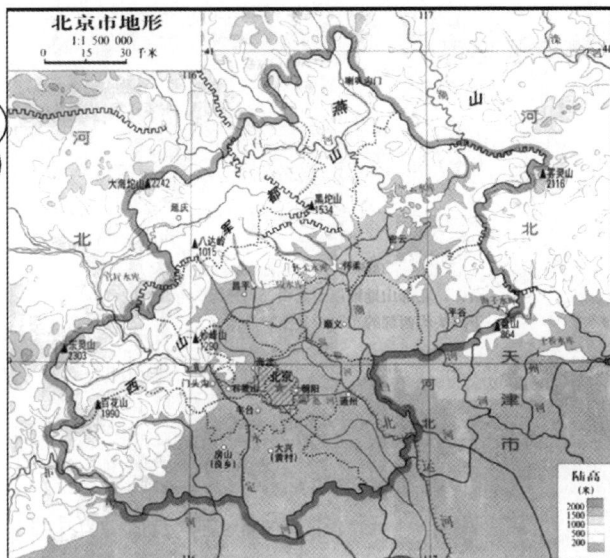

3－8　北京市地形

　　北京雄踞华北大平原北端。北京的西、北和东北,群山环绕,东南是缓缓向渤海倾斜的大平原。北京地区平原的海拔在 20—60 米,山地一般海拔 1000—1500 米,与河北交界的东灵山海拔 2303 米,为北京市最高峰。北京的地势是西北高、东南低。西部是太行山余脉的西山,北部、东北部是燕山山脉的军都山,两山在南口关沟相交,形成一个向东南展开的半圆形大山弯,人们称之为"北京湾",它所围绕的小平原即为北京小平原。北京小平原是永定河故道的冲积平原。西部山区是北京的水源补给区、河流发源地,西山形成泉线,如北京著名的小汤山温泉区。综观北京地形,依山襟海,形势雄伟。北京湾"形胜甲天下,依山带海,有金汤之固,诚万古帝王之都"。

●气候环境

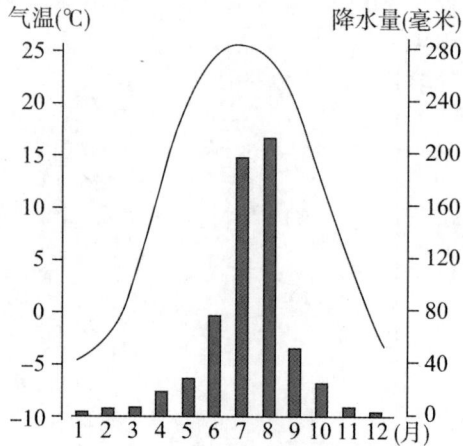

3-9　北京气温曲线和降水量柱状图

　　北京的气候为典型的暖温带半湿润大陆性季风气候,夏季炎热多雨,冬季寒冷干燥,春、秋短促。年平均气温 10—12 摄氏度,极端最低 -27.4 摄氏度(1966 年 2 月 22 日),极端最高 42.6 摄氏度(1942 年 6 月 15 日)。全年无霜期 180—200 天,西部山区较短。年平均降雨量 600 多毫米,为华北地区降雨最多的地区之一,山前迎风坡可达 700 毫米以上。降水季节分配很不均匀,全年降水的 75% 集中在夏季,7、8 月常有暴雨。

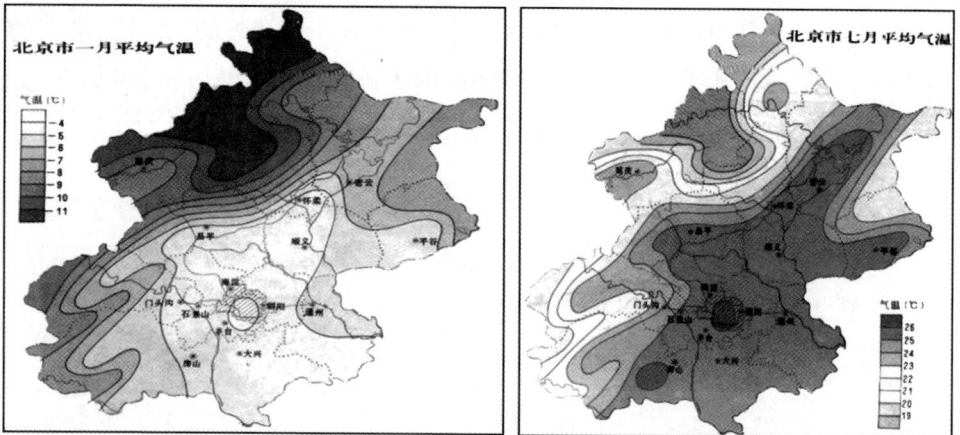

3-10　北京气温分布图

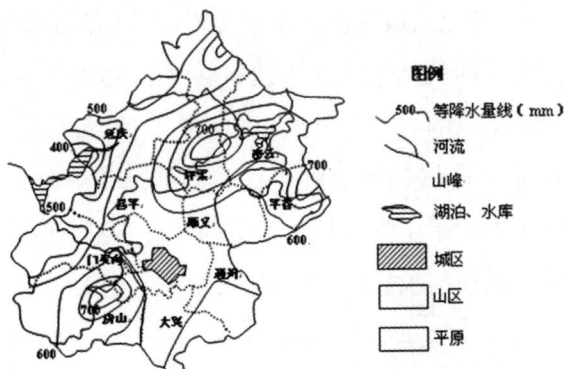

3 – 11 北京年降水量分布图

●水资源

北京天然河道自西向东贯穿五大水系:拒马河水系、永定河水系、北运河水系、潮白河水系、蓟运河水系,大小共有 200 多条河流。多由西北部山地发源,穿过崇山峻岭,向东南蜿蜒流经平原地区,最后分别汇入渤海。

由于地势与气候影响,北京水库多分布在山区,大型水库有密云水库、官厅水库、怀柔水库、海子水库等,为城区提供水源。

> **知识链接**

北京小平原的南部在远古时期还是湖沼密布,成为南北交通的严重障碍。只有沿着太行山东麓的山前台地北上,才最容易通行。只是在进入北京小平原前,必须渡过永定河。渡河的最好地点,就是后来修建卢沟桥的地方。因为从此沿河上行,岸高流急,不便渡河;从此沿河下行,河床逐渐开阔,不便越渡而又容易泛滥成灾。于是永定河的古渡口就在此发展起来,这个古渡口当时也就成为北京小平原上南北交通的枢纽。

为什么最初的北京城并没有在永定河古渡口发展起来呢? 原因在于永定河的流量极不稳定。北京地区为典型的温带季风气候,多年平均年降水量为600 多毫米,80% 集中于夏季,且降水量的年变化大。多雨之年,年降水量 3 倍于常年,而且多暴雨,暴雨中心又多集中于环抱北京小平原的山区。夏季洪水暴涨,必然造成河流下游泛滥成灾。洪水泛滥影响着聚落的就地发展。于是北京小平原上南北交通枢纽就从永定河古渡口转移到渡河之后相距最近而又不易受洪水威胁的地方。它的名称最早见于记载的是蓟,蓟城位于卢沟桥东北约10公里的莲花池附近。蓟城的形成除了优越的地理位置外,还有有利的水文地质条件。蓟城位于古代永定河冲积洪积扇的背脊一侧,地势平缓,土壤肥沃;正当古代永定河冲积洪积扇承压水溢出带上,地下水资源丰富,便于凿井汲水;溢出地表的承压水又往往喷薄而出,成为流泉,流泉汇集成为湖沼。西湖(莲花池的前身)就是这样形成的。

●植物资源

北京地带性植被类型是暖温带落叶阔叶林并间针叶林。大部分平原地区已成为农田和城镇,只在河岸两旁局部洼地发育着以芦苇、香蒲、慈菇等为主的洼生植被,但多数洼地已被开辟为鱼塘,在搁荒地及田埂、路旁多杂草,湖泊、水塘中发育着沉水和浮叶的水生植被。海拔800米以下的低山带表性的植被类型是栓皮栎林、栎林、油松林和侧柏林。海拔800米以上的中山,森林覆盖率增大,其下部以辽东栎林为主,海拔1000米至1800—2000米,桦树增多,在森林群落破坏严重的地段,为二色胡枝子、榛属、绣线菊属占优势的灌丛。海拔1800—1900米以上的山顶生长着山地杂类草草甸。北京主要乔木种类为松、杉、柏、杨、柳等。

3-12　北京的生态系统

●矿产资源

北京已发现的矿种共 67 种,矿床、矿点产地 476 处,列入国家储量表的矿种 44 种。

实践活动

以学习小组讨论分析北京古城城址变迁与水源的关系。

第四节　北京的名胜古迹

▼
▼
▼

北京自然环境多样,发展历史悠久,孕育了丰富多样的风景名胜,既有优美的自然风光,又有众多历史古迹,你见过其中哪些景观呢?

●燕京八景

燕京八景又称燕山八景或燕台八景等。清乾隆十六年(1751 年)御定八景为:太液秋风、琼岛春阴、金台夕照、蓟门烟树、西山晴雪、玉泉趵突、卢沟晓月、居庸叠翠,当时均刻石立碑并有小序、诗文。燕京八景历经几百年风雨,金台夕照已看不到"夕照"之景,其余七处胜景今天仍可以观赏到。

太液秋风

居庸叠翠

◆卢沟桥

卢沟即永定河，金世宗淳熙十六年（1189 年）下令建桥，明昌三年（1192年）落成，命名为广利桥。桥如长虹，为十一孔联拱桥，四个华表，望柱上雕有大小石狮 485 个。桥长 266 米，宽 9 米。几百年来，卢沟桥一直是北京西南的交通要道。古时交通不太方便，京城距此约是半天的路程。送别京门，打尖住宿，来日早行。鸡鸣上路，尚见明月当空，大地似银，"卢沟桥上月如霜"。于是"晓月"的意境名传遐迩。

1937 年 7 月 7 日，日本侵略者在这里发动全面侵华战争，中国军民奋起抗战，"卢沟桥事变"成为中国人民全面抗战的起点。

民间有卢沟桥的狮子数不清之说，卢沟桥的石狮子姿态各不相同。狮子有雌雄之分，雌的戏小狮，雄的弄绣球。有的大狮子身上，雕刻了许多小狮，最小的只有几厘米长，有的只露半个头，一张嘴。因此，长期以来有"卢沟桥的狮子数不清"的说法。据统计，望柱上有大石狮 281 只，小石狮 211 只，桥上石狮共492 只，桥东端还有顶着栏杆的石狮，左右各一只。桥两头有华表各一对，华表顶部石兽各一对，东边为一对狮子，西边为一对大象。总计石狮 496 只。

卢沟桥

●香山红叶

香山又叫静宜园,位于北京海淀区西郊。因山中有巨石形如香炉而得名,是北京著名的森林公园。香山可谓是国内赏枫的鼻祖,其红叶驰名中外,是我国四大赏枫胜地之一。

香山红叶

每到秋天,香山漫山遍野的黄栌树叶红得像火焰一般,霜后呈深紫红色。这些黄栌树是清代乾隆年间栽植的,经过 200 多年来的发展,逐渐形成拥有 94000 株的黄栌树林区。极目远眺,远山近坡,鲜红、粉红、猩红、桃红,层次分明,瑟瑟秋风中,似红霞排山倒海而来,整座山似乎都摇晃起来了,又有松柏点缀其间,红绿相间,瑰奇绚丽。

香山红叶

●八达岭长城

长城是中华民族精神的象征。八达岭长城位于北京市延庆县军都山关沟古道北口。是中国古代伟大的防御工程万里长城的重要组成部分,是明长城的一个隘口。八达岭长城为居庸关的重要前哨,古称"居庸之险不在关而在八达岭"。

万里长城

八达岭长城典型地表现了万里长城雄伟险峻的风貌。作为北京的屏障,这里山峦重叠，形势险要。气势极其磅礴的城墙南北盘旋延伸于群峦峻岭之中，视野所及，不见尽头。依山势向两侧展开的长城雄峙危崖，陡壁悬崖上古人所书的"天险"二字，确切的概括了八达岭位置的军事重要性。

八达岭自古便是重要的军事战略要地，春秋战国时期为防御北方民族的侵扰，在此修筑了长城，至今仍见残墙、墩台遗存。八达岭是峰峦叠嶂的军都山风吹草动的一个山口，明代《长安夜话》说："路从此分，四通八达，故名八达岭，是关山最高者。"可见八达岭的地理战略地位。八达岭长城是城关相联、墩堡相望、重城护卫、烽火报警的严密防御体系。

历史上八达岭长城是护卫居庸关的门户，从八达岭长城至今天的南口，中间是一条40里长的峡谷，峡谷中建有关城"居庸关"，这条峡谷因此得名"关沟"，而真正扼住关口的是八达岭长城，八达岭高踞关沟北端最高处，这里两峰夹峙，一道中开，居高临下，形势极为险要。古人有"自八达岭下视居庸关，如建领，如窥井"之说。可见当时居庸关只是一个关城，真正的长城是修建在八达岭的。八达岭山口的特殊地形，成为历代兵家必争之地，因此，在这里修筑长城具有极重要的战略意义。

八达岭是历史上许多重大事件的见证。第一帝王秦始皇东临碣石后，从八达岭取道大同，再驾返咸阳。肖太后巡幸、元太祖入关、元代皇帝每年两次往返北京和上都之间、明代帝王北伐、李自成攻陷北京、清代天子亲征八达岭都是必经之地。近代史上，慈禧西逃泪洒八达岭、詹天佑在八达岭主持修筑中国自力修建的第一条铁路——京张铁路、孙中山先生登临八达岭长城等，留下了许多历史典故和珍贵的历史回忆。八达岭长城是万里长城向游人开放最早的地段。先后有尼克松、里根、撒切尔、戈尔巴乔夫、伊丽莎白、希思等372位外国首脑和众多的世界风云人物，登上八达岭观光游览。

●皇家园林

北京自辽金时期作为都城之后，就开始了大规模的园林建设，直至清朝，修建了颐和园、圆明园、中南海和北海等，这些园林规模浩大、面积广阔、建筑恢弘，尽显帝王气派。北京皇家园林是中国古典园林的典型代表。

◆圆明园

圆明园坐落在北京西北郊，与颐和园相邻，由圆明园、长春园和万春园组成，也叫圆明三园。圆明园是清代著名的皇家园林之一，面积 5200 余亩，150 余景。建筑面积达 16 万平方米，有"万园之园"之称。清朝皇室每到盛夏时节会来这里理政，故圆明园也称"夏宫"。

1860 年英法联军和 1900 年八国联军洗劫了圆明园。院中建筑被烧毁，文物被劫掠，昔日美丽童话般的圆明园变成一片废墟，只剩下断壁残垣，供游人凭吊。

圆明园

圆明园四十景：正大光明、勤政亲贤、九洲清晏、镂月开云、天然图画、碧桐书院、慈云普护、上下天光、杏花春馆、坦坦荡荡、茹古涵今、长春仙馆、万方安和、武陵春色、山高水长、月地云居、鸿慈永祜、汇芳书院、日天琳宇、澹泊宁静、映水兰香、水木明瑟、濂溪乐处、多稼如云、鱼跃鸢飞、北远山村、西峰秀色、四宜书屋、方壶胜境、澡身浴德、平湖秋月、蓬岛瑶台、接秀山房、别有洞天、夹镜鸣琴、涵虚朗鉴、廓然大公、坐石临流、曲院风荷、洞天深处。

◆颐和园

颐和园前身为清漪园，坐落在北京西郊，距城区 15 公里，占地约 290 公顷，原为圆明园的一部分。它是以昆明湖、万寿山为基址，以杭州西湖为蓝本，汲取江南园林的设计手法而建成的一座大型山水园林，也是保存最完整的一座皇家行宫御苑，被誉为"皇家园林博物馆"，也是国家重点旅游景点。

颐和园

1961 年 3 月 4 日,颐和园被公布为第一批全国重点文物保护单位,与同时公布的承德避暑山庄、拙政园、留园并称为中国四大名园,1998 年 11 月被列入《世界遗产名录》。2007 年 5 月 8 日,颐和园经国家旅游局正式批准为国家 5A 级旅游景区。2009 年,颐和园入选中国世界纪录协会中国现存最大的皇家园林。

清朝乾隆皇帝继位以前,在北京西郊一带,建起了四座大型皇家园林。乾隆十五年(1750 年),乾隆皇帝为孝敬其母孝圣皇后动用 448 万两白银在这里改建为清漪园,形成了从现清华园到香山长达 20 公里的皇家园林区。咸丰十年(1860 年),清漪园被英法联军焚毁。光绪十四年(1888 年)重建,为西太后庆寿,改称颐和园,作消夏游乐地。光绪二十六年(1900 年),颐和园又遭八国联军的破坏,珍宝被劫掠一空。清朝灭亡后,颐和园在军阀混战和国民党统治时期,又遭破坏。

万寿山和佛香阁

●坛庙建筑

老北京城的格局左右对称,紫禁城面南左有太庙(今劳动人民文化宫),右有社稷坛(今中山公园),南有天坛,北有地坛,东有日坛,西有月坛,钟楼、鼓楼都在中轴线上。

社稷坛

北京还有一些著名的宗教建筑,如雍和宫、牛街礼拜寺等。它们是北京地区民族交融及中外交流的历史见证,也是兼容并包的中华古都文化遗存。

◆社稷坛

中国古代建筑布局模式有"左祖右社,前朝后市"之说。围绕皇城中心所安排的"左祖右社,前朝后市",用意在于体现至高无上的皇权尊严。前朝后市是指皇城的前部是朝廷,是帝王上朝听政之处;皇城的后面是市场,是都城的商业交易之地。

而左祖右社是指皇城的左边是太庙,也就是帝王们祭祀祖先之处;皇城的右边是社稷坛,也即帝王们祭祀土地和五谷之神的地方。社稷是"太社"和"太稷"的合称,社是中国传统敬奉的土地神,稷是五谷神,两者是农业社会最重要的根基。为求风调雨顺,获得丰收,帝王们自认为受命于天,于是把社稷作为国家的象征,并与每年春秋择日祭祀。社稷坛建于皇宫内紫禁城正门的右边,即西边,按照中国人崇尚的五行来说,西方属于"金";从四季上讲,"金"又代表秋天,黄金颜色的季节;秋季五谷丰登,所以社稷坛建立在象征金秋的西方。

社稷坛俗称五色土,以祭土谷之神,其坛上铺设青、赤、白、黑、黄五色之土,以代表东、西、南、北、中五方土地,也就是代表全国国土的意思。以五色土建成的社稷坛包含着古代人对土地的崇拜。五种颜色的土壤,寓含了全中国的疆土,由全国各地纳贡交来,以表明"普天之下,莫非王土"之意。

◆ 雍和宫

雍和宫位于北京市东城区雍和宫大街,是中国汉族地区最大的藏传佛教寺院之一,是清康熙帝在内城东北为皇四子胤禛修建的府邸。雍正帝在位时期,雍和宫的中路和西路即已作为藏传佛教上院使用,章嘉呼图克图活佛居住于此。乾隆帝即位后,于乾隆九年(1744 年)将雍和宫中路和东路正式改为藏传佛教寺庙,将主要殿宇改为佛殿,并为寺庙赐名噶丹敬恰林。东路行宫继续由皇室使用,后因失火而焚毁。1961 年雍和宫被列入中华人民共和国国务院批准的全国重点文物保护单位。1983 年,雍和宫被定为汉族地区全国重点寺院之一。

雍和宫全景

雍和宫由和天王殿、雍和宫大殿、永佑殿、法轮殿、万福阁等五进宏伟大殿组成，另外还有东西配殿、"四学殿"（讲经殿、密宗殿、数学殿、药师殿）。整个建筑布局院落从南向北渐次缩小，而殿宇则依次升高。

雍和宫大殿

雍和宫主殿，是当初雍亲王接见文武官员的场所，改建喇嘛庙后，相当于一般寺院的大雄宝殿。殿内正北供三尊高近两米的铜质三世佛像。三世佛像中为娑婆世界释迦牟尼佛，左为东方世界药师，右为西方世界阿弥陀佛。这是空间世界的三世佛，表示到处皆有佛。空间为横向，所以又叫横三世佛。

各地大雄宝殿供三世佛的，多为横三世佛。雍和宫大殿的三世佛则表示过去、现在和未来的时间流程，说明无时不有佛，即中为现在佛释迦牟尼佛，左为过去佛燃灯佛，右为未来佛弥勒佛。空间为宇，时间为宙，意为宇宙无处不佛。正殿东北角供铜观世音立像，西北角供铜弥勒立像。两面山墙前的宝座上端坐着十八罗汉。

正月初一日，标志着新的一年开始。在清代，每年此时，清宫要从雍和宫派36名僧人，在中正殿诵《迎新年喜经》。如今，正月初一日凌晨两点，僧人们就起来到殿上，诵《大威德金刚经》《吉祥天母回供经》直到天明。初一晨，僧人们又伴着浑厚、深沉的钟声，穿过一道道院落至法轮殿，诵《永保护法》等经文，祈愿世界和平，国泰民安，一年风调雨顺。

此日到雍和宫礼佛的人特别多，信众们虔诚礼佛、燃香、转经。从他们静静的祈愿中和幸福的笑脸上，可以看出对于生活的满足和对未来充满着信心与希望。

◆牛街清真寺

牛街清真寺位于广安门内牛街，是北京规模最大、历史最久的一座清真寺，创建于辽圣宗十三年（966），宋太宗至道元年（995）、明正统七年（1442）重修。

清康熙三十五年（1696）又按原样进行大规模修葺。主要建筑有礼拜殿、梆克楼、望月楼和碑亭等。寺内现存主要建筑均于明清时期修筑。中华人民共和国成立后，先后于1955年和1979年两次拨款进行全面修缮。中外穆斯林经常到此进行宗教活动和参观访问。北京市宣武区伊斯兰教协会和北京穆斯林建设牛街基金会均设在寺内。1988年列为国家重点文物保护单位。

牛街清真寺建筑集中对称，其格局采用汉族宫殿式的木结构形式为主，并带有浓厚的伊斯兰教阿拉伯建筑的装饰风格。精美的雕梁画栋，别具风格的殿堂屋顶，随处可见的《古兰经》文和赞美穆罕默德词句的细部装饰等，处处呈现出汉族古典宫殿式建筑与阿拉伯式清真寺的完美结合。

牛街清真寺

实践活动

选一处北京的名胜古迹去参观，拍照片并向其他同学做介绍或撰写一篇介绍文章。

第五节　北京的传统文化

北京，作为一座有着3000余年的建城史和850余年的建都史的城市，有着她浑厚、独特而富有魅力的文化。让我们在喧嚣之余静静地品味一下北京城时刻散发出来的那种耐人寻味的文化气息。

●胡同和四合院

北京"京味儿"文化的最典型代表就是胡同和四合院。过去北京的胡同遍布京城，老北京人说："有名的胡同三百六，无名胡同似牛毛。"

◆胡同

北京城是民族融合的结晶，北京胡同的形成是随着北京城的形成而变化、发展演进的。蒙古人统治的元朝精心规划建设了大都城，他们把元大都的街巷叫作"胡同"。

北京的胡同绝不仅仅是城市的脉络，交通的衢道，它更是北京普通老百姓生活的场所，京城历史文化发展演化的重要舞台。它记下了历史的变迁，时代的风貌，并蕴含着浓郁的文化气息，好像一座座民俗风情的博物馆，烙下了人们各种社会生活的印记。漫步其中，到处都是名胜古迹，细细品味又似北京的百科全书，不少胡同中的一块砖、一片瓦都有好几百年的历史了。从一个个大大小小的胡同院落中可以了解北京市民的生活，包括他们的生活方式、生活情趣和邻里关系。每条胡同都有个说头儿，都有自己的故事，都有着传奇般的经历。

关于"胡同"的起源，上网查一查有哪些不同的说法。

知识链接

北京的胡同虽然看起来包罗万象，有河湖海（大江胡同、河泊厂胡同、海滨胡同）、山川日月（图样山胡同、川店胡同、回升胡同、月光胡同）、人物姓氏（张自忠路、贾家胡同）、市场商品（菜市口胡同、银碗胡同）、工厂作坊（打磨厂胡同、油漆作胡同）、花草鱼虫（花枝胡同、草园胡同、金鱼胡同、养蜂夹道）、云雨星空(云居胡同、雨儿胡同、大星胡同、空厂)、鸡鸭鱼肉(鸡爪胡同、鸭子店、鲜鱼口、肉市街)等等,名目繁多,令人看着眼花缭乱,但如果认真分析,还是有其内在的规律的。多以衙署官方机构、宫坛寺庙、仓库作坊、桥梁、河道、集市贸易、商品器物、人物姓氏、景物民情等决定胡同、街巷的名称,其中许多沿用至今。

月牙胡同

鸦儿胡同

笔杆胡同

砖塔胡同

◆四合院

老北京大大小小的胡同两侧,是一座座四合院,这是北京人居住生活的天地。四合院的"四"字,表示东南西北四面,"合"是围在一起的意思。四合院就是有北房、南房、东房、西房四面围合,各房之间再用墙连接起来形成封闭式院落,整个建筑形成一个"口"字形。北京有各种规模的四合院,但不论大小,都是由一个个四面房屋围合的庭院组成的。最简单的四合院只有一个院子,比较复杂的有两三个院子,富贵人家居住的深宅大院,通常是由好几座四合院并列组成的。中间还有一道隔墙。

四合院内景

四合院的典型特征是外观规矩、中线对称,而且用法极为灵活,往大了扩展,就是皇宫、王府,往小了缩,就是平民百姓的住宅,辉煌的紫禁城与郊外的普通农民家都是四合院。

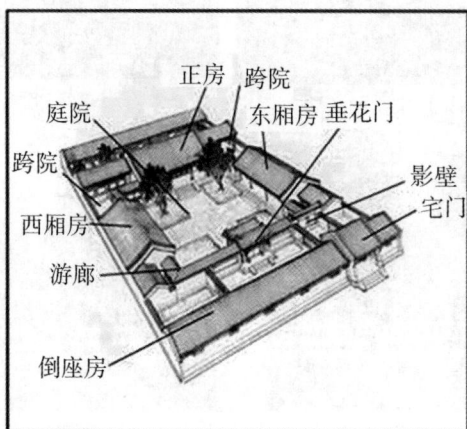

3-12 四合院示意图

四合院的大体分布为大门、第一进院、大堂、第二进院、书屋、住宅等,两侧有厢房,各房有走廊、隔扇门。四合院由许多单体建筑组合而成,包括大门、正房、厢房等。

精致的四合院垂花门

砖雕影壁

●市井商业

老北京有句俗语"东四西单鼓楼前,王府井前门大栅栏,还有那小小门框胡同一线天",道出了过去北京商业繁华之所在。

◆王府井大街

王府井大街最早的商业活动始于明代。南起东长安街,北至中国美术馆,全长约三华里,是北京最有名的商业区。

王府井大街

知识链接

传说王府井大街原来是王爷的住宅。王爷府中有一口水井,井上有一座精巧玲珑的亭子,井口是一块大石头凿出的圆孔,井沿很高。井南就是王府大院。

北京早年水井虽然多,但甜水井不多。一遇天旱,很多井都没水了。有一年,赶上了百年不遇的大旱,北京城里大大小小的井差不多都干了,四个海子也

075

干得只有垫底的水了。富人家用车子去几十里外的玉泉山拉水，穷人家没水，只能靠肩挑手提，还有的靠从井底淘点泥浆水活命。

这时只有少数几口井还冒水，王府井就是其中之一。王府井不但有水，而且还是甜的。王爷很高兴，说这是因为祖宗福气大，造化大，房子和水井都在龙脉上。可是这个王爷心肠十分狠毒，不仅不把水分给大家度灾活命，还命令看门老头儿把水井看守起来，不许人们取水。

这个看门老人心地善良，对王爷的做法十分不满，便偷偷给人们不少方便。他趁每天早晚王府的人睡觉时，给胡同外取水的人发信号，大家便很快地打一点水走。

终于有一天，王爷发现了这件事，便怒气冲冲地审问看门老人。老人笑眯眯地说："不错，王爷，我是让人打了点水。可我这是为王爷着想。您想，将来府里免不了还要雇人运粮挑米，要是附近的人都渴死了，哪儿还有人给府里干活呢？要是王爷不同意，今后我绝不让任何人再取走一滴水。"王爷听他说得有道理，也就睁一只眼，闭一只眼，不再追究了。

人们十分感激和尊敬这位老人。从此以后，来王府井打水的人越来越多，住在远处的人也闻讯而来。

这样，王府井的名字就在远近传开了。后来人们一提到这一带，都称王府井北、王府井南、王府井东、王府井西。再后来，东安市场迁到这里，这里渐渐变成了繁华的商业区，但人们仍习惯叫这里王府井。

20世纪30年代的东安市场

◆西单商业区

西单商业区的历史可追溯到明代。当时这里是通往京城西南广安门的主要路口，从西南各省陆路而来的商旅和货物，都要由卢沟桥进到外城广安门，经菜市口向北进入内城宣武门，再经过西单进入内城各处。由此，西单一带兴建起了各种店铺、酒铺、饭馆、文化场所等。明清就已经在西长安街附近的大理寺、太仆寺、太常寺、刑部、都察院、銮仪卫等衙署多到西单周围采办购物，推动了这里的商业发展，促使西单成为长安街上的一处热闹的商业中心。

西单牌楼

◆大栅栏

大栅栏是北京市前门外一条著名的商业街。大栅栏处在古老北京中心地段，是南中轴线的一个重要组成部分，历史上就是一个繁华的商业区。老北京有句顺口溜叫"看玩意上天桥，买东西到大栅栏"。作为一个有着数百年历史的老商业街，在大栅栏有不少闻名的老字号，如经营中药的同仁堂，经营布匹绸缎的瑞蚨祥，经营帽子的马聚元，经营布鞋的内联升，经营茶叶的张一元，经营酱菜的六必居，此外还有一品斋、步瀛斋、聚顺和、长乘魁等都是拥有百年历史的老字号。

同仁堂

瑞蚨祥门店

六必居

张一元

◆老北京庙会

老北京庙会是古老的汉族民俗及民间宗教文化活动。庙会又称"庙市"或"节场",这些名称,可以说正是庙会形成过程中所留下的历史"轨迹"。庙会风俗与佛教寺院以及道教庙观的宗教活动有着密切的关系,同时它又是伴随着汉族民间宗教信仰活动而发展、完善和普及起来的。庙会在寺庙的节日或规定的日期举行,附设一些商业活动。久而久之,庙会主要成了老百姓的购货市场,以满足一般市民的生活需要,宗教活动倒是次要的了。

老北京庙会

地坛庙会

白云观庙会

●北京话

北京话,俗称"京片子",是一种主要分布在北京的汉语方言。北京话是一种有着极其丰富文化内涵的方言。普通话源于北京话,以北京语音为基础音,以北方方言为基础方言,以典范的现代白话文著作为语法规范。

北京话易于学习和推广,且简洁、明快、生动,被称为"中国最优美的汉语方言",具有鲜明的特点。

知识链接

林语堂赞美北京话是"平静自然舒服悦耳的腔调儿",老舍把北京话比喻成像"清夜的小梆子"。比他们出生要晚上半个世纪的上海籍作家王安忆说:"北京人的心是藏着许多事的。他们说出话来都有些源远流长似的,他们清脆的口音和如珠妙语已经过数朝数代的锤炼,他们的俏皮话也显得那么文雅……他们个个都有些诗人的气质,出口成章,他们还有些历史学家的气质,语言的背后有着许多典故。他们对人对事有一股潇洒劲,洞察事态的样子。"

你知道这些北京方言是什么意思吗?
末了儿　颠儿了　猫着　雁么虎　逗牙签子
眼里见儿　撒癔病　发小儿　老家儿
掉腰子　念秧儿　大天儿　轴

北京话生动幽默。如果问问外地人对北京人的印象，恐怕会有一半人说：幽默能侃。说话逗，也就是幽默，是老北京的文化传统。它来源于北京人乐观、豁达和积极的生活态度，北京人在逆境中也会有幽默的语言来化解。

北京人的幽默话语多来自胡同、大杂院，来自劳动阶层，这些话虽然通俗却不粗俗，哪怕歇后语，也生动好记，让人感到轻松好笑：比如一个人喜欢上什么东西，就是"老太太喝豆汁儿——好惜（喜欢）"；说一个人就仗着一张嘴瞎白话，就是"您是打碎的茶壶——就剩这一张嘴了"；说一个人就会空谈，就是"天桥的把式——光说不练"；说谁实在无足挂齿，就是"马尾儿穿豆腐——提不起来"；说一个人嗓门儿大，就是"纸糊的驴——真能叫唤"……这些带有北京土话色彩的幽默都让人忍俊不禁。

点击网络

老北京人特别讲究"礼儿"，老北京长幼有序，对年纪大的、对老师、对长辈，都要无条件地恭恭敬敬。老北京人之间哪怕素不相识，都有一堆规范的礼貌的见面语等着你："大爷、大妈、大叔、大婶儿、大姐、大哥、先生、小姐、老板、掌柜的……"解放后，先生、小姐、老板、掌柜都不叫了，一律叫同志了，文革中工人阶级领导一切，都叫师傅了，改革开放后恢复了一些老北京的叫法。"您"是北京人礼貌语言的集中体现，成年人打招呼彼此都称"您"，比如不经意挡住了别人的路，被挡的人会和声细语地说："劳您驾，借个光！"听了这话您怎么能不让开呢！再比如吃饭，老北京人都是对最年长者说："您先请"。饭桌上摆上酒和菜肴，还会真诚地指着最好的菜说："您来这个？"到商店买东西，只要在柜台前一转悠，掌柜的或者伙计就会热情地问："您看上什么了？""哪个和您心意？"哪怕不买，他也会说："买不买没有关系，您随便儿看"。最常见的问候是"您吃了吗？"只是一种礼貌用语，被问者不需要照实回答，对问候人表示感谢即可。所以有人说北京话是"说的艺术"。

●京剧

京剧,曾称平剧,中国五大戏曲剧种之一。京剧是在北京形成的戏曲剧种之一,至今已有将近 200 的历史。它是在徽戏和汉戏的基础上,吸收了昆曲、秦腔等一些戏曲剧种的优点和特长逐渐演变而形成的。

在百花争艳的中国戏曲大舞台上,有一朵最为璀璨的奇葩,它就是被誉为国粹的京剧。同学们,你们知道京剧起源于什么时候吗?

京剧形成于清朝。清朝乾隆年间,全国的各种戏曲很多,而且很多都发展到北京去演出,比如来自安徽的徽调等。由于徽调的唱腔优美、表演熟练、剧目丰富,因此在北京发展得很快。到了 1828 年道光皇帝的时候,汉戏进入了北京,两个剧种互相学习、互相吸收,又学习了其他一些戏曲的长处。到了咸丰皇帝时(1850 年左右),一个新的剧种——"京剧"诞生了。因此,京剧是外地艺术与本地文化融合的产物。

知识链接

四大徽班

1790 年,乾隆皇帝八十大寿,有一个官员请了当时很有名气的唱徽剧的戏班子——"三庆班"进北京为皇帝唱戏祝寿。于是,继"三庆班"之后,又有"四喜班""春台班""和春班"先后进了北京,这就是我国历史上的"四大徽班"进京。

传统京剧《四郎探母》

现代京剧《龙江颂》

知识链接

京剧脸谱，是一种具有汉族文化特色的特殊化妆方法。由于每个历史人物或某一种类型的人物都有一种大概的谱式，就像唱歌、奏乐都要按照乐谱一样，所以称为"脸谱"。京剧脸谱艺术是广大戏曲爱好者非常喜爱的一门艺术，国内外都很流行，已经被公认为是汉族传统文化的标识之一。脸谱的主要特点有三点：美与丑的矛盾统一，与角色性格关系密切，其图案是程式化的。红色脸象征忠义、耿直、有血性，如"三国戏"里的关羽；其他：有讽刺意义，表示假好人。黑色脸既表现性格严肃，不苟言笑，如"包公戏"里的包拯，又象征威武有力、粗鲁豪爽，如"三国戏"里的张飞、"水浒戏"里的李逵；其他：表示阴阳中的阴，用于鬼魂。白色脸表现奸诈多疑，如"三国戏"里的曹操、《打严嵩》中的严嵩；其他：面色不好，丑陋。金色脸象征威武庄严，表现神仙一类角色，如《闹天宫》里的如来佛、二郎神。绿色脸象征勇猛，莽撞；其他：绿林好汉。其他还有黄色脸、粉色脸、银色脸等。

京剧脸谱关羽

京剧脸谱曹操

●百姓乐园——天桥

位于北京城南的天桥,原来只是横贯在大路当中的一座石桥,明清两朝的皇帝每年冬至要在天坛举行郊祭大典,由于它是皇宫到天坛的必经之路,因此获得"天桥"美名。老北京天桥是小商贩和平民聚居之地,这里有各种京味小吃、文活、武活,是北京最有名的平民娱乐场所。

3-13　天桥位置图

天桥文化是北京市井文化的代表,"三教九流、五行八作、什样杂耍和百样吃食"就是对它的一个形象描写。在天桥市场出售的日用百货和小食品价格非常便宜,受到社会底层市民的欢迎,在天桥上演的各种民间艺术也大多迎合了底层市民的欣赏口味,其中包括了各地常见的评书、相声、评剧、梆子、大鼓书、魔术戏法,也有比较少见的洋片、训蛤蟆,甚至连市井骂街都成为天桥艺人表演的项目。另外出售药品和医疗服务也是天桥市场的一大特色,一些江湖郎中,在天桥出售自制药品,兼提供拔牙修脚等简单的医疗服务,由于价格远较正规医院和私人诊所便宜,因而深受底层市民的欢迎,这些郎中有时在卖药的同时还会表演武术、硬气功等,非常热闹,传统相声名段《大保镖》就是脱胎于天桥卖大力丸的艺人。在北京甚至还出现了与天桥相关的歇后语:"天桥的把势——光说不练"。

天桥上的艺人

今天的天桥发生了很大的变化,环境变得漂亮了,中轴路公园绿树成荫,天桥剧场、德云社等娱乐场所成为今天人们常去的地方。

实践活动

1. 开展一次北京传统文化知识竞赛。
2. 阅读一部京味儿作家的文学作品,体味其独特之处。

第六节　发展中的北京

经历了风雨沧桑和改革开放的洗礼,新中国成立60多年以来,兼容并包的文化特色与现代理念在北京城市发展中有机融合,形成了一个将历史与现代气息完美结合的国际化大都市形象,彰显出与众不同的独特魅力。

● **城市职能**

今天的北京是我国的首都,全国的政治中心、交通中心、教育中心、科研中心、文化中心和国际交往城市。

第三章 北京,伟大祖国的心脏

北京火车站

首都机场

北京是中国的政治中心。巍峨壮丽的天安门城楼矗立在北京城的中央。1949 年 10 月 1 日,毛泽东主席在这里庄严宣告中华人民共和国成立。从此,天安门成为社会主义新中国的象征。庄严的五星红旗每天在天安门广场升起。天安门图案是国徽的重要组成部分。中国的最高权力机构——全国人民代表大会、中

天安门

国的最高行政机关——国务院以及党中央等都在北京,还有全国政协、各民主党派、各人民团体的中央机构,以及各国外交使团和各省(自治区、直辖市)驻京办事处。这些机构遍布北京全城,分布最集中的地区,要数东西长安街这条新的轴线两侧。随着北京城市建设的发展,这条著名的东西干道将变得更加庄严、美丽。

人民大会堂

中南海

北京是我国的文化中心。历史悠久使北京成为中华古老文化的一座完美艺术宝库。仅在北京旧城内,国家级的重点文物保护单位便有 20 多处,在故宫

这座文物宝库中收藏的文物可达百万件以上。北京又是全国科学、教育、文化等事业高度发达和集中的城市。北京拥有以中国科学院为首的科研机构 500 多个，高等院校 80 多所，北京有北大、清华、人大、中科院等数百所高等院校和科研机构，还有众多的体育场馆，各类博物馆，众多国家级文艺团体等。北京拥有雄厚的科研力量。在 500 多个科研机构中，属于中国科学院、中国社会科学院和中央各部委的研究院所就有 300 多个。北京的医疗卫生事业发达，目前有医疗卫生机构近 5000 个，有一批各具特色的、在国内有一定影响的大型医院和一批医术精湛的专家。

北京大学

清华大学

鸟巢

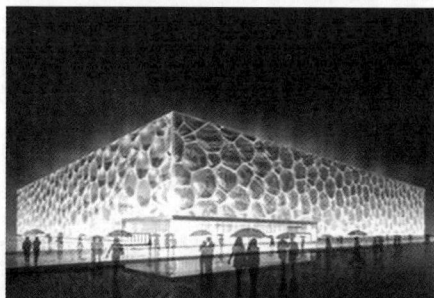

水立方

北京国家大剧院

北京国际会议中心

北京是重要的国际交往中心。北京有许多外国大使馆、国际组织代表机构、海外企业代表机构、外国新闻驻京记者站等国际交往机构,各种国际会议也在此频繁召开。

2013APEC 会议

●迈向现代化的国际大都市

近年来,为推进北京成为具有中国特色的世界城市建设,以缓解城市交通拥堵为中心,以建设公交城市为主线,构建了以"人文交通、科技交通、绿色交通"为特征的新北京交通体系。

京通快速路　　　　　　　　　　北京环路

　　北京是全国第一批国家级园林城市,将"绿色北京、科技北京、人文北京"确立为北京今后发展的指导思想,将建设中国特色世界城市为目标,走集约、智能、绿色、低碳的新型城镇化道路,全面贯彻可持续发展战略,着力推进绿色发展、循环发展、低碳发展。

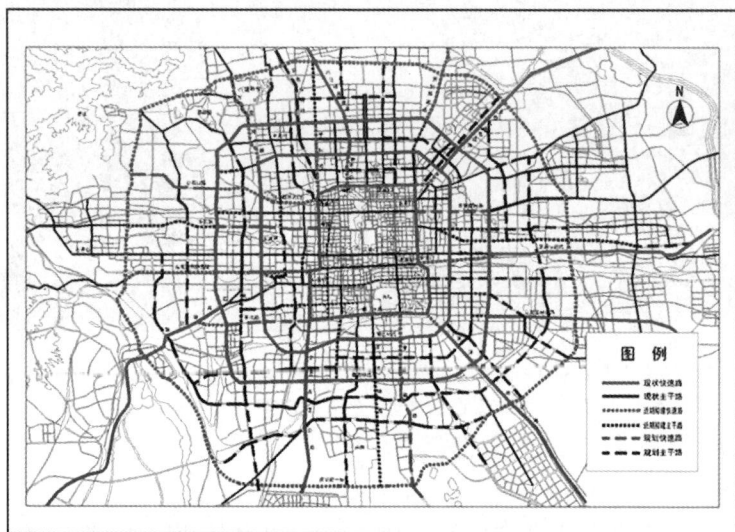

3-14　北京市区快速路与主干路系统规划图(1993年)

　　对于未来的发展北京也做出了长远规划,北京市未来的建设发展目标定位于:国家首都(政治中心)、世界城市(国际交往中心)、文化名城(文化中心),并首次提出"宜居城市"概念。

奥林匹克公园

小龙门森林公园

《北京城市空间发展战略研究》提出了两轴、两带、多中心的空间布局调整思路。

3-15 北京城市空间结构规划图

1. 在图中找出并标出北京的"两轴、两带、多中心"。

2. 说出在"两带"的规划中，规划者分别考虑了北京的哪些地理条件？

"两轴"是指传统的南北中轴线和东西长安街"十"字形轴线的延长。它是中国历史文化遗产的继承和发扬，是800年首都城市规划思想的持续发展。北京2004年修订的"两轴两带多中心"新规划对北京市的空间布局做了较大调整，规划中的"两轴"指沿长安街的东西轴和传统中轴线的南北轴。"两带"指包括怀柔、密云、顺义、通州、亦庄、平谷的"东部发展带"和包括延庆、昌平、门头沟、房山、大兴的"西部发展带"。北京将通过完善"两轴"，强化"东部发展带"，整合"西部生态带"，最终构筑以城市中心与副中心相结合、市区与多个新城相联系的新的城市形态。

"两带"是指以顺义、通州、亦庄等重点新城为中心的东部开发带和以昌平到沙河、门头沟至首钢以及长辛店、良乡、黄村等卫星新城为主体的"西部生态带"。"两带"将使得在市区范围内建设起不同的功能区，使之分别承担不同的城市功能，以提高城市的服务效率和分散交通拥堵的压力。这"两带"在"北京城市发展战略"图上，表述为小写的"x"形的东西两条弧形。西南延伸到保定，东南延伸到天津和塘沽。"两带"有利于保护生态环境，同时发展高新技术产业，减轻环境污染。

"多中心"是指在市区范围内建设不同的功能区，以提高城市的服务效率和分散交通压力，计划在市域范围内的"两带"上建设若干个新城，以吸纳城市新的产业和人口，以及分流城市中心区的功能。"多中心"的发展新区(城)，有利于分散城市职能，解决人口过度集中造成的交通、住房、就业、社会秩序等问题。

实践活动

小组讨论，作为生活在北京的我们，在北京发展的过程中，如果做出力所能及的自己的贡献，并写出一篇相关文章。

第四章

新疆，深情眷念的家乡

新疆，曾经的熟悉与美丽，未来的憧憬与期待。

第一节　美丽的新疆我的家

▼
▼▼
▼▼▼

我们新疆好地方　天山南北好牧场
戈壁沙滩变良田　积雪融化灌农庄
我们美丽的田园　我们可爱的家乡
麦穗金黄稻花香　风吹草低见牛羊
葡萄瓜果甜又甜　煤铁金银遍地藏
我们美丽的田园　我们可爱的家乡

——《我们新疆好地方》歌词

课堂活动

你是哪个民族的？你们民族有什么特殊的文化？

新疆物产丰富

桑葚

杏儿

新疆风景秀丽

南山

天池

喀纳斯

那拉提大草原

课堂活动

向同学们介绍一下你的家乡,那里有什么物产、美丽的风景、学校,还有让你怀念的人物和风景。

第二节　中国面积最大的省区

▼
▼
▼

●独特的地理位置

新疆维吾尔自治区位于我国西北内陆，新疆面积约 160 多万平方千米，人口 2000 万，民族以维吾尔族和汉族为主，是地广人稀的地区。（北京 2014 年常住人口 2100 万，面积 1.68 万平方千米）

课堂活动

1.利用相关地图，找出与新疆维吾尔自治区接壤的邻国以及新疆的邻省。

2.计算新疆维吾尔自治区和北京的人口密度，感受新疆地广人稀的特点。

学习方法指导

地理位置的描述方法，主要从经纬度位置、海陆位置及相对位置进行描述。经纬度位置是该地区所跨的经纬度，要分析出该地区所处的半球、温度带或干湿地区。海陆位置是该地区所临的海洋或陆地，要说清楚邻国或邻省。相对位置是相对于上一个区域范围而言，在上一级区域的什么位置。

根据学法指导，说出新疆的地理位置特点。

●多民族聚居的地区

新疆维吾尔自治区自古以来就是一个多民族聚居的地方。现有 47 个民族、共 1515.57 万人。其中维吾尔族是主体民族,汉、哈萨克、回、柯尔克孜、蒙古、锡伯,塔吉克、乌孜别克、满、达斡尔、俄罗斯、塔塔尔等 12 个民族居住历史较长、人口较多。其余东乡、壮、撒拉、藏、彝、布依、朝鲜等 34 个民族约有 8.17 万人,占全区总数的 0.54%。有些外国人士形象地把新疆称为"民族的橱窗"。维吾尔族是我国古老民族之一。维吾尔族在新疆有 594 多万人,占新疆总人口的 45.5%。大部分维吾尔族人聚居在天山以南,其余分布于伊犁地区和北疆、东疆各地。

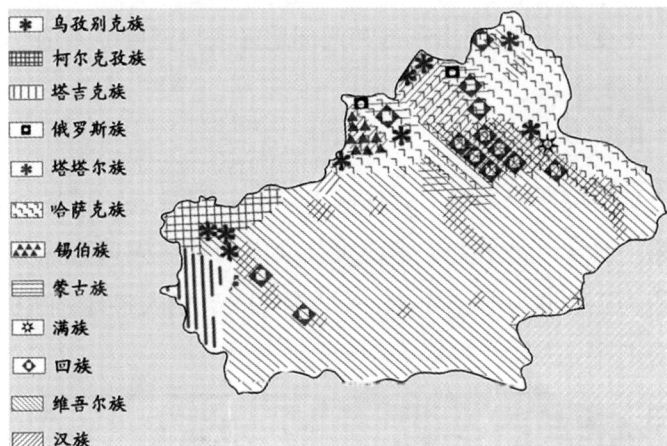

4-3 新疆少数民族分布图

课堂活动

找到你的家乡,看看那里主要分布的少数民族有哪些?

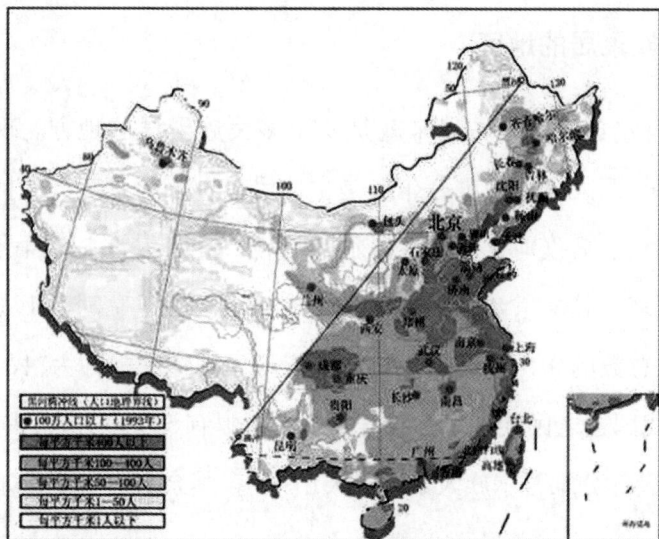

4－4　中国人口密度分布图

阅读人口密度分布图,说出东部和西部地区人口密度的差别。

知识链接

人口密度是单位面积土地上居住的人口数。它是表示世界各地人口的密集程度的指标。通常以每平方千米或每公顷内的常住人口为计算单位。世界上的陆地面积为14800万平方千米,以世界70.57亿人口计,平均人口密度约为每平方千米47人。

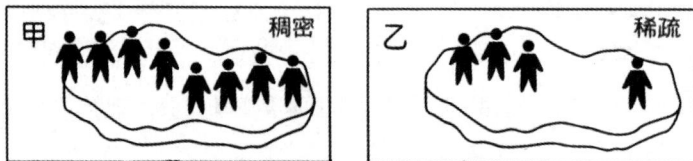

4－5　地区人口稠密和稀疏的比较

算一算:北京的人口密度、新疆的人口密度、中国的人口密度。

点击网络

查一下中国、北京、新疆的相关数据,计算一下人口密度。

	中国	北京	新疆
人口总数(人)			
面积(km²)			
人口密度(人/km²)			

第三节 新疆的自然环境特征

▼
▼
▼

●特殊的地形特征

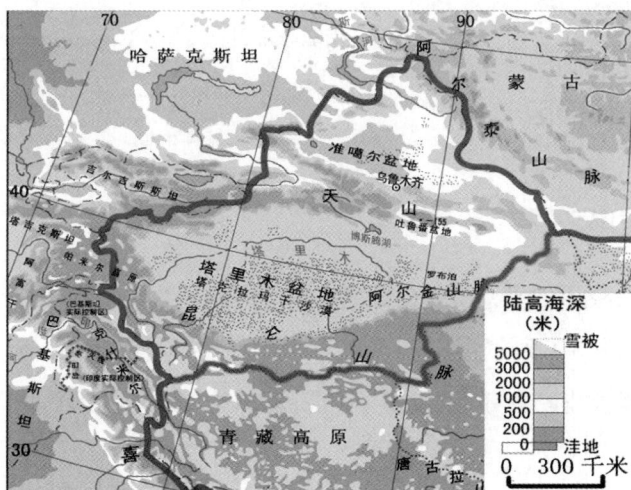

4-6 新疆地形图

课堂活动

1.读出新疆的主要地形区,归纳其地形特征。

2.推测其气候类型和气候特征。

3.你知道新疆的"疆"是什么意思吗?

　　　　射出的箭也出不去的地域,形容地域的辽阔。

　　　　左边的"弓"字是新疆漫长曲折的国境线的写照,而"弓"内的"土"字,寓意新疆过去被沙俄强行割去的 50 万平方公里辽阔土地。

　　　　你能在新疆轮廓图中写出疆字的意思吗?

4－7　新疆轮廓图

● **典型的地形区**

◆ **阿尔泰山**

　　阿尔泰山,蒙语的意思是"金山"。有谚语称道"阿尔泰山七十二条沟,沟沟有黄金",这说明了阿尔泰山的金矿丰富。她穿越中、哈、俄、蒙四国边境,全长达到 2000 多公里。阿尔泰山雨雪丰富,森林密布,草原繁茂。

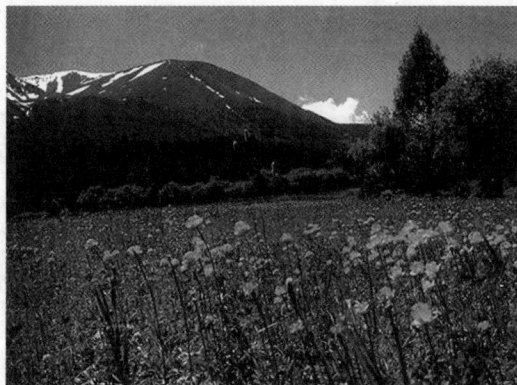

阿尔泰山

◆天山

横亘新疆中部的天山山脉,峰峦重叠、气派雄伟,呈东西走向,分隔准噶尔、塔里木两大盆地,总长 2500 公里,是亚洲高大山系之一。新疆境内的为中、东段,长约 1700 公里。天山有发育良好的森林、草原和冰川,景观壮丽。天山分布着 6890 多条大小冰川,是天然的固体水库。

天山

◆准噶尔盆地

准噶尔盆地位于天山和阿尔泰山之间,是中国第二大盆地。总面积约 38 万平方千米,东高西低,是个半封闭型的盆地。盆地中心分布着中国第二大沙漠古尔班通古特沙漠。盆地的地下埋藏着丰富的石油，早在 20 世纪 50 年代就开发了著名的克拉玛依油田。

沙漠

油田

◆塔里木盆地

中国最大的盆地，盆底面积 40 万平方千米，轮廓呈菱形，是全封闭性内陆盆地。地势西高东低，向北微倾，平均海拔约 1000 米。塔克拉玛干沙漠位于盆地中部，面积 32.4 万平方千米，为中国最大沙漠，也是世界第二大流动沙漠。流动沙丘占沙漠总面积 60%。

塔克拉玛干沙漠

在新疆空白图 4 – 7 上标出上述地形区的位置，并标出你熟悉的地形区的名称。

●干旱的自然环境

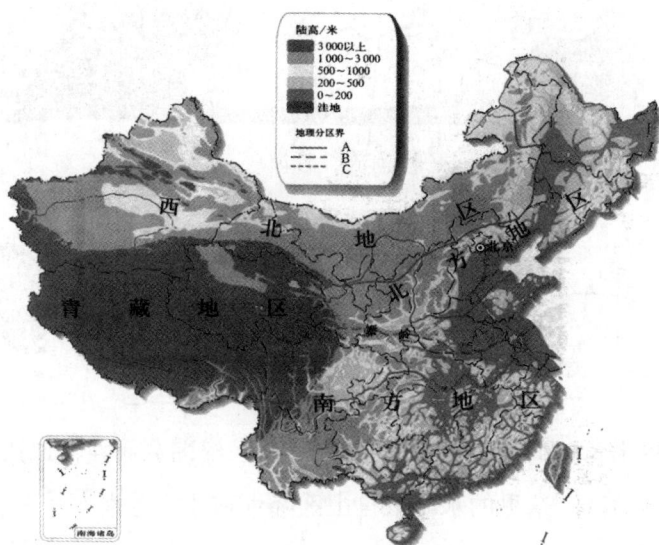

4－8 中国四大分区

> 知识链接

1. 在中国四大分区图上绘制中国四大分区的界线。

2. 说出西北地区的界线。

由于新疆深居内陆,距海较远,加上地形闭塞,山地、高原阻挡了东南季风的水汽,导致新疆气候干旱,降水少,植被以荒漠为主。

在干旱的气候下,主要形成内流河,以塔里木河为代表。塔里木河由发源于天山的阿克苏河、发源于喀喇昆仑山的叶尔羌河以及和田河汇流而成,流域面积19.8平方千米,最后流入台特马湖。它是中国第一大内流河(这部分不变),全长2179千米,是世界上第五大内流河。

砾石戈壁　绿洲　河流　沙漠　道路

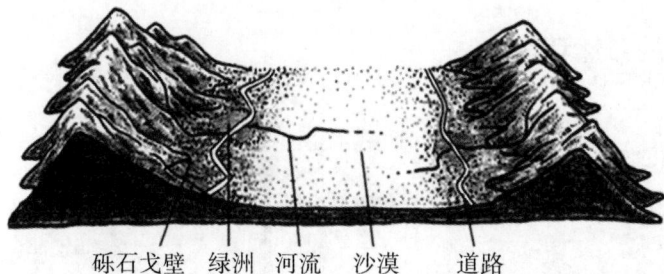

4-9　绿洲分布位置

想一想，哪些地区适合人类居住，为什么？

新疆塔里木盆地的人口大多分布在绿洲中，绿洲分布在盆地边缘的山前平原和部分沿河地区。这里的水源来自山区降水和冰雪融水。

知识链接

楼兰是西域古国名，是古代中国西部的一个小国，国都楼兰城（遗址在今新疆罗布泊西北岸）。楼兰位于东经89°55′22″，北纬40°29′55″。西南通且末、精绝、拘弥、于阗，北通车师，西北通焉耆，东临白龙堆，通敦煌，扼丝绸之路的要冲。属印欧人种，语言为印欧语系的吐火罗语。楼兰名称最早见于《史记》，曾经为丝绸之路必经之地，现只存遗迹，地处新疆巴音郭楞蒙古自治州若羌县北境，罗布泊的西北角，孔雀河道南岸的7公里处。

4-10　楼兰古城复原图

楼兰王国最早的发现者是瑞典探险家斯文·赫定。1900年3月初，赫定探险队沿着干枯的孔雀河河床来到罗布荒原，在穿越一处沙漠时才发现他们的铁铲不慎遗失在昨晚的宿营地中。赫定只得让他的助手回去寻找。助手很快找回铁铲甚至还拣回几件木雕残片。赫定见到残片异常激动，决定发掘这片废墟。

1901年3月，赫定开始进行挖掘，发现了一座佛塔和三个殿堂以及带有希腊艺术文化的木雕建筑构件、五铢钱、一封佉卢文书信等大批文物。随后他们又在这片废墟东南部发现了许多烽火台，一直延续到罗布泊西岸的一座被风沙掩埋的古城，这里就是楼兰古城。

古城平面近正方形，边长在330米左右，几乎全部为流沙所掩埋。城墙用粘土与红柳条相间夯筑。有古运河从西北至东南斜贯全城。运河东北有一座八角形的圆顶土坯佛塔。塔南的土台上，有一组高大的木构建筑遗迹，曾出土汉文、佉卢文文书及简牍、五铢钱、丝毛织品、生活用具等。运河西南的中部，有3间木构土坯大型房址，房中及其附近曾出土大量汉文文书、木简及早期粟特文和佉卢文文书，估计为衙署遗迹。其西的一组庭院，可能是官宦宅邸，南边分布着矮小的民居。城中出土的各种文书、简牍，被称作罗布泊文书。

在20世纪初的考察过程中，大量楼兰文物被国外考察团掠走。

实践活动

查阅资料，了解楼兰古城的位置及楼兰古城消失的原因。

第四节　认识不一样的民居和农牧民

吐鲁番的葡萄哈密的瓜，

叶城的石榴人人夸，

梦想,从这里启航

库尔勒的香梨甲天下,

伊犁苹果顶刮刮,

阿图什的无花果名声大,

下野地的西瓜甜又沙,

喀什樱桃赛珍珠,

伽师甜瓜甜掉牙,

和田的薄皮核桃不用敲,

库车白杏味最佳。

一年四季有瓜果,

来到新疆不想家。

——新疆民谣

●绿洲农业

新疆是一个被雪峰、冰川环绕着的荒漠。由于接纳了冰雪融水和从山上冲积下来的土壤,中国西北的荒漠周边普遍出现了绿洲。于是,江南景象奇迹般的在西北荒漠里诞生了!把中国的荒漠与世界上其他地区的著名荒漠进行比较,我们发现,中国拥有世界上最富饶的荒漠地带。

新疆的绿洲面积只占总面积的8%,却集中了新疆90%的耕地、人口及地区生产总值。

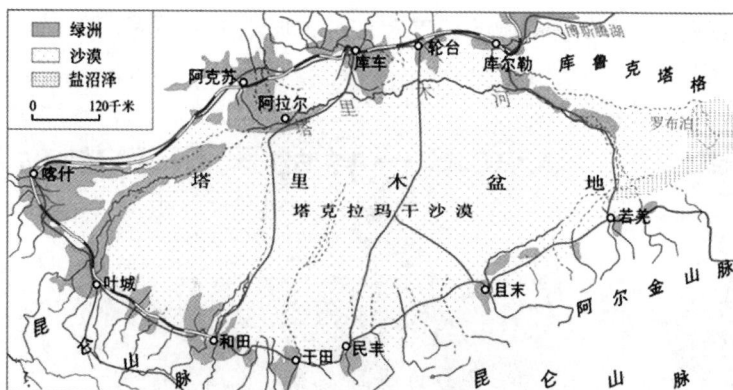

4-11 塔里木盆地

想一想,绿洲主要分布在哪里? 绿洲发展有什么问题呢?

绿洲指沙漠中具有水草的绿地。它多呈带状分布,在河流或井、泉附近,以及有冰雪融水灌溉的山麓地带。绿洲土壤肥沃、灌溉条件便利,往往是干旱地区农牧业发达的地方。我国新疆塔里木盆地和准噶尔盆地边缘的高山山麓地带、甘肃的河西走廊、宁夏平原与内蒙古河套平原都有不少绿洲分布。但绿洲也有其自身发展问题。

绿洲发展问题之一:距离遥远,交通不便。

新疆大小数千个绿洲是最主要的农业生产基地,这里夏季高温,光照充足,昼夜温差大,主要农作物有小麦、玉米、高粱,特色农产品有棉花、甜菜、多种瓜果。

说一说新疆发展农业的有利条件和不利条件分别是什么?

发展农业的有利条件主要有夏季热量充足,光照强烈,有利于瓜果着色——红色系列(石榴、西红柿);昼夜温差大,有利于作物的糖分积累——(哈密瓜、葡萄、无花果、甜菜);夏季炎热干燥,稳定的灌溉水源——棉花(长绒棉)。

发展农业的不利条件主要有气候干旱,降水少,蒸发大,水资源匮乏。

知识链接

竖井　明渠　涝坝(蓄水池)　暗渠　含水源层

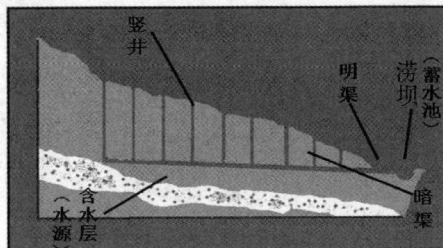

4-12　新疆坎儿井示意图

坎儿井是新疆一种古老的引水工程,由竖井、暗渠、明渠和涝坝(蓄水池)四部分构成。

在山麓地带,由于有高山冰雪融水的下渗,形成地下水富集地带,新疆人民从山麓开始,顺着倾斜的地势先开凿竖井,然后利用竖井不断疏通开凿地下暗渠,将水流引向盆地边缘的明渠和涝坝。坎儿井有许多优点:一是减少水分蒸发,节约水资源;二是避免地表污染,保持水质优良;三是自流灌溉,不需外加动力。

4-13 坎儿井分布图

坎儿井长度从几千米到几十千米不等,许多坎儿井联成井网。它是新疆人民适应当地自然环境的伟大创造,与万里长城、京杭大运河一起被称为中国古代三大工程。

从空中看坎儿井

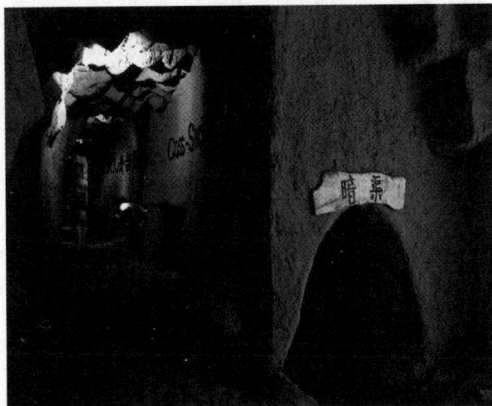

暗渠

　　新疆的坎儿井主要分布在吐鲁番盆地，计有千余条，如果连接起来，长达5000公里，所以有人称之为"地下运河"。吐鲁番现有坎儿井，多是清代以后陆续建造和维修的，老井有百岁高龄。

　　目前，在新疆的一些绿洲地区，随着人口的增长和经济的发展，生活和生产用水量猛增。现有的引水手段，已经不能满足人们正常需要。如何合理开发利用水资源，已成为当地普遍关注的问题，人们也提出了不同的解决措施。

课堂活动

　　讨论：针对上述新疆开发利用水资源的难题，你认为下列哪些看法是合理的，哪些是不合理的？

　　①积极采用先进的节水灌溉技术，发展节水农业；②大力建设水利基础设施，如跨流域调水、修建水库等；③改变农业种植结构，增加用水少、经济价值高、产量高的作物的比重；④运用先进的打井技术，大力开采利用地下水资源；⑤节约用水，防治水污染；⑥应该维护和修建更多的灌溉工程。

　　长期以来，粮食作物是吐鲁番地区主要的农作物。这些作物尽管能解决人们的温饱，却不能使农民的收入迅速增长。假如你是一位前往吐鲁番地区旅游的学生，当地维吾尔族老大爷在领你参观了丰收在望的葡萄园以后，还诉说了以下烦恼。请你帮他想想解决的方法。

107

像葡萄这类的水果,要及时销到其他地方去,长途运输是个大问题。

不了解市场的需求情况,大量种植葡萄担负的风险过大。

仅靠出售葡萄来获得经济收益,形式过于单一,可否开发更多的相关产业。

葡萄产品的知名度还不够大。

个体农民的葡萄因经济实力单薄,不容易形成强大的市场竞争力。

新疆典型的温带大陆性气候的突出特征是冬冷夏热,日照长,温差大,降水少,蒸发强。大部分地区年降水量在 150mm 以下。

想一想,新疆农业生产中应注意什么问题?

新疆农业生产中应注意什么问题?

因为新疆气候干旱,所以应保护植被,合理利用水源,防止土地荒漠化。

●新疆农业发展的方向

发挥自然优势,发展特色农业。

●不同的民居

新疆气温变化剧烈,昼夜温差很大,素有"早穿皮袄午穿纱,晚围火炉吃西瓜"的说法。再加上各族居民大多信奉伊斯兰教,所以这些地理和人文因素必然对建筑产生深刻影响,形成鲜明的地方特色和民族特色。

天热少雨,木材缺乏,但土质好,因而维吾尔族的传统民居以土坯建筑为主,多为带有地下室的单层或双层拱式平顶,农家还用土胚块砌成晾制葡萄干的镂空花墙的晾房。住宅一般分前后院,后院是饲养牲畜和积肥的场地,前院为生活起居主要空间,院中引进渠水,栽植葡萄和杏等果木,葡萄架既可蔽日纳凉,又可为市场提供丰盛的鲜葡萄和葡萄干,从而获得良好的经济效益。院内有用土块砌成的拱式小梯通至屋顶,梯下可存物,空间很紧凑。

还有一种"阿以旺"式住宅,房屋连成一片,庭院在四周,平面布局灵活,前室称"阿以旺",又称夏室,开天窗,有起居会客等多种功能,后室称冬室,做卧室,一般不开窗。

新疆民居的结构虽以土坯墙为主,但随着不同地区的气候不同,在构造上还是有若干差别。例如,北疆的昌吉、伊犁地区,降雨量较多,民居土坯墙就多用砖石做基础和勒脚;天山南麓的焉耆地下水位高,人们就采用填高地面地基的做法,并在基础与墙身结合处铺一层苇箔做防潮层,以防土坯墙受到水的侵蚀。吐鲁番地区几乎终年无雨,墙体就全用土坯砌筑,用不着砖石基础和勒脚了。

新疆民居的屋盖多用土坯拱券,以满足夏季隔热、冬季防寒的要求。"阿以旺"式住宅则用密梁平顶,受汉族文化影响较多的回族民居,多喜用内地木构架起脊的屋顶,平面布置也采取四合院、三合院形式,和汉族的住宅没有多大差别。

信仰伊斯兰教的民族喜好清洁,很重视沐浴,特别讲求水源的洁净。在没有渠水可引的地方,几乎每户都在庭院自打一口井,并严格保护水源,使其不受污染。

4-14　伊斯兰教传统建筑

为了在节日举行宗教仪式活动和接待亲友,每户居民通常都有一间上房,一般在西面,最少是两开间,使用面积约 30—40 平方米。考虑到人群聚散和空气流通,常设内外两重门,房中有一个通长的大火坑,火坑对面的墙壁悬挂着《古兰经》字画或麦加圣地图画,便于老年人做礼拜。

在建筑装饰方面,多用虚实对比,重点点缀的手法,廊檐彩画、砖雕、木刻以及窗棂花饰,多为花草或几何图形;门窗口多为拱形;色彩则以白色和绿色为主调,表现出伊斯兰教的特有风格。

伊斯兰教教堂

课堂活动

向同学介绍一下你家的房屋或者你所在地区,说说你见过的房屋有什么特色。(或民居建筑风俗)

第五节　东部和西部共同发展

我国资源的分布不均衡,地区经济发展水平差异较大,因此导致资源布局和经济地理格局不相适应。

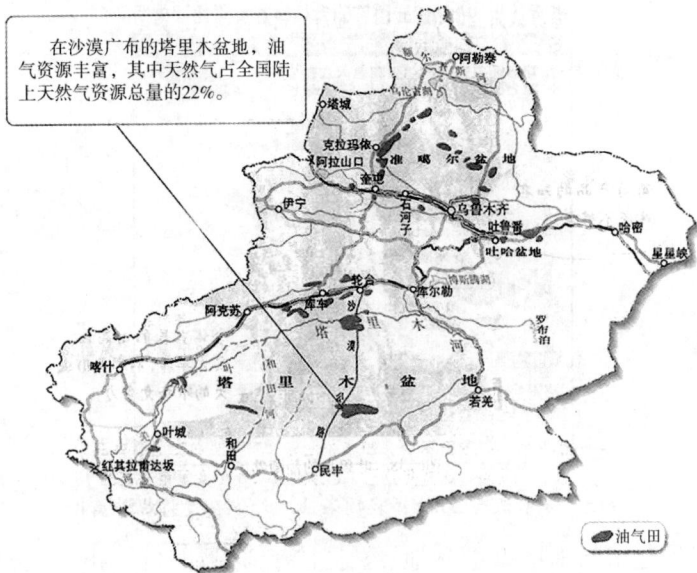

在沙漠广布的塔里木盆地,油气资源丰富,其中天然气占全国陆上天然气资源总量的22%。

4－15　新疆油气资源分布图

●潜能巨大的能源开发

新疆的油气资源潜力巨大。近年的勘探结果表明,新疆预测石油、天然气储量约占全国陆地总储量的1/3。目前,我国东部地区大部分主力油、气田的开采已经到了中后期,陆续进入产量全面递减阶段,增产难度很大。随着国家"稳定东部,大力发展西部"的能源战略决策的逐步实施,新疆有望成为中国重要的石油及天然气工业基地。

课堂活动

读图,说出新疆油气资源的类型和分布地区。

●西气东输工程是西部大开发的标志性工程

塔里木盆地具有良好的天然气资源条件,目前已探明的储量为 3900 亿立方米,按照西气东输 120—140 亿立方米的年供气规模,可稳定供气 11—13 年。

目前正在加紧勘探,增加控制储量,力争达到供气 30 年的储量规模。

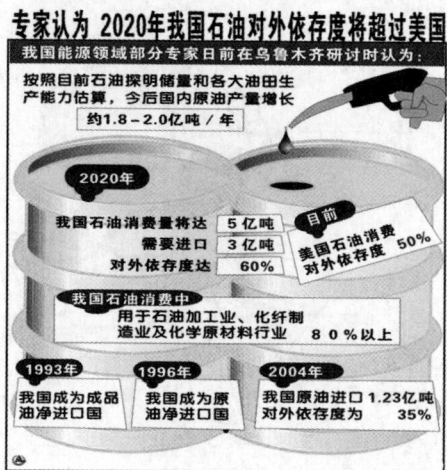

4-16 专家认为 2020 年我国石油对外依存度将超过美国

管道工程起于新疆塔里木盆地,终于上海,穿越四省一市,全长约 4000 公里。进入浙江的管网有两路,即天然气主干管网进入江苏后,在常州附近分为两路,一路走太湖北岸,经无锡、苏州、昆山,到达上海,再由上海经嘉兴后到达杭州;另一路则走太湖南岸,经宜兴、湖州后到达杭州。天然气管网绕太湖形成一个回路,有利于提高供气的质量和可靠性,也有利于东海气的利用。

整个西气东输工程总投资约 1643 亿元(预可行性研究报告数),其中气田勘探 284 亿元,管道工程 485 亿元。国家负责主干管网及门站投资,城市管网投资由地方负责。

课堂活动

1. 西气东输路线经过哪些省区?这些省区的简称是什么?
2. 西气东输经过哪些地形区?

● 西气东输对区域发展的影响

西气东输将拉动自治区经济快速增长。西气东输最终输气量要达到每年 250—300 亿立方米。它将为新疆每年增加销售收入 130 亿元人民币,完成工业增加值85.4亿元,相当于目前新疆工业增加值的1/4。西气东输可以大幅度增加财政收入,改善新疆财力紧张状况。据测算,每年财政可增加约10.5亿元收入。西气东输将拉动新疆固定资产投资的大幅增长。据测算,仅新疆境内勘探、气田产能建设330亿元,管道建设等的投资将达463亿元。仅2000年新疆的固定资产投资可增至630亿元。西气东输将为社会提供相当多的新就业机会,缓解社会就业压力。西气东输能够带动新疆化学工业,尤其是天然气化学工业的快速发展。西气东输将带动邮电、通信、交通、教育科研等相关产业的发展,促进新疆的社会进步。西气东输工程有利于上海二、三产业结构的升级换代和能源结构的调整。西气东输工程的实施,使上海把天然气作为能源发展的基本立足点成为可能。西气东输工程的实施增加了供气的渠道,也有利于增强上海用气的安全性和可靠性。西气东输工程的实施,将大大有利于环境的保护。

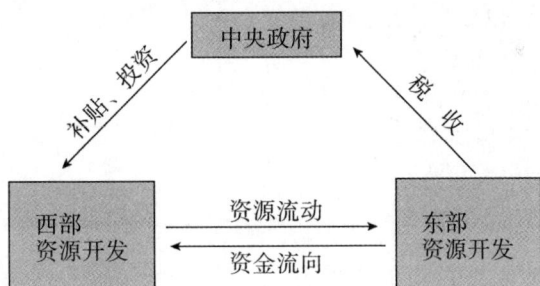

4-15　资源开发示意图

课堂活动

归纳西气东输对东部地区、西部地区的影响,对沿线地区还有什么影响?

第五章

社会实践活动

第一节　踏访古都足迹　体会北京文化

▼
▼
▼

班级		姓名	
小组名称	组长		指导教师
小组成员:			

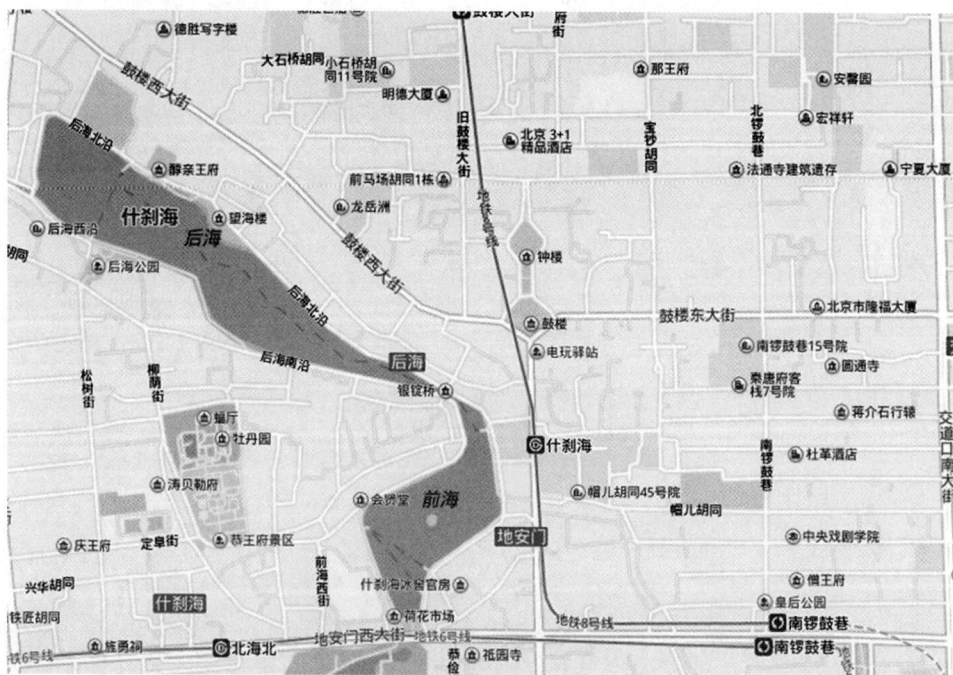

5-1　什刹海周边地图

第五章 社会实践活动

任务一、地图知识

1. 在地图上节选一段路程,利用手机软件计步器测量实际距离,并大致算出上图的比例尺。

2. 利用手机计步器软件测量自己的平均步速为_____,结合地图,大致算出从一个景区到另一个景区所需时间,有效安排自由活动时间,确保自己小组按时到达指定地点集合。(迟到会影响所有同学的行程,请一定严肃认真对待,守时守纪)

3. 利用手表和格尺线绳,在恭王府景区正门测量方向,利用手机指南针软件验证后,绘简图并加以说明。

4. 在整个行程中,用红笔在上图标绘出你和所在小组的足迹,在你感兴趣的地方留下照片,并以文字形式加以介绍和记录,在活动结束后完成一篇游记,表格形式可参考下表。

时间	位置	景观照片	感悟

任务二、钟鼓楼(9:00—9:40)

1.什么是时间? 利用地理学知识解释时间是如何设定的?

①"年"的由来

②"月"的由来

③"周"的由来

④"日"的由来

2.听讲解,说出为何钟鼓楼景区成为爱国主义教育基地。

3.听讲解,了解钟鼓楼历史并记录你所看到的和学到的东西。

4.离开钟鼓楼景区,利用地图,在指定的时间内,以小组为单位自选路线前去恭王府景区,并在等待集合的时间里,完成测量方向的任务。

任务三、恭王府(10:20—11:50)

1.听讲解,描写恭王府的历史和主要景观。

2.说说恭王府为何号称万"福"之园?并描写万"福"之首的特点。

3.通过恭王府之旅,谈谈你对中国传统建筑的认识。

(我国传统建筑的知识博大精深,建议从以下几种中任选一种进行初步了解,如砖雕、彩画、家具、屋盖、抱鼓石等)

任务四、午餐及自由活动

1.以小组为单位,参观烟袋斜街。

2.午餐可自带,或自费品尝具有北京风味的独特美食,请各组规划好出行开销,并将各组开销综合统计列表,评定是否符合"经济、实惠、高效"原则。

3.把握好时间,据图自己找寻路径,14:00以小组为单位在宋庆龄故居门口集合,切勿迟到影响大家行程。

任务五、宋庆龄故居(14:00—15:30)

1."听一听"(20 分钟)

地点:序厅

内容:听故居老师讲述宋庆龄的爱国主义精神和事迹,播放 PPT。

2."学一学"(15 分钟)

地点:序厅

内容:听故居老师介绍美丽的醇亲王府花园知识,加深学生对四合院和中国传统文化知识的了解,播放 PPT。

3."看一看、找一找"(40 分钟)

地点:故居庭院、主楼、展厅

内容:各小队在老师指导下参观宋庆龄故居的庭院、原状陈列展和生平事迹展,根据答题卡要求自主找寻答案。

任务六、回归(16:00)

集体步行返回鼓楼西大街,等待大巴返回学校。

5-2 什刹海周边示意图

第二节　走进中国环境科学研究院

▼
▼
▼

中国环境科学研究院大气光化学烟雾箱实验室情况介绍

中国环境科学研究院大气光化学烟雾箱模拟实验室,拥有我国乃至亚洲最大的室外光化学烟雾箱模拟系统。

实验室的功能定位是开展接近真实大气环境条件下的大气光化学污染过程模拟工作,研究在我国特有的高颗粒物浓度和高氧化性的大气环境背景下臭氧、大气细粒子的生成机理,进而从微观机制上认识大气光化学烟雾、灰霾等大气污染现象的形成过程与机制。

大型室外光化学烟雾箱模拟系统具有的体积较大、壁效应低的优势,配备了多种在线离线监测手段,反应仪器灵敏度高,能够在接近真实大气环境条件下开展较低浓度下大气光化学过程模拟研究。这些特性使其在模拟我国大气光化学污染过程及形成机制方面具有强的优势,可以获得适应我国大气环境背景的大气光化学动力学参数,结合模式研究,可以对现有的大气光化学机理进行修改和补充,建立适应中国大气环境背景的大气光化学机理。

已开展了关于大气臭氧形成敏感性诊断技术、VOCs 物种光化学反应动力学研究等方面的研究工作。研究成果可以为大气环境质量演变与大气基准理论、技术与方法研究提供基础数据和支撑,为国家实施区域大气复合污染联防联控污染控制措施提供技术支撑。

科普问题

1. 烟雾箱实验和大气监测的关联及实际意义是什么?

2.大气监测都有哪些?

3.污染源有哪些?

4.大气污染物有哪些?

5.空气中的颗粒物是怎么产生的及其危害?

土壤知识问题

1.土壤由哪些物质组成?

2.土壤的主要功能是什么?

3. 造成土壤污染的主要原因是什么？

4. 土壤污染物的种类有哪些？

5. 土壤分为哪些类型呢？

6. 你们知道土壤也会生病吗？

7. 生活中我们看到有哪些东西会污染土壤呢？

8. 土壤污染有哪些危害呢？

9. 如果人吃了污染土壤里长出来的水果和蔬菜会怎么样呢？

10. 土壤中的主要成分有哪些?

11. 我们生活中的哪些产品来自土壤?

12. 你们认为人类的哪些行为会破坏土壤,我们该如何保护土壤?

13. 土壤被污染后能长出健康的植物吗? 会对我们的身体产生危害吗?

14. 有机蔬菜是用化肥种出来的吗?

15. 施用的肥料越多,土壤是不是越肥沃?

16. 蚯蚓一般生活在什么环境中? 它是改良土壤的能手吗?

17. 如果土壤中的有害物质变多了, 会影响植物的生长吗？

18. 我们可以把不需要的东西直接埋进土壤中吗？如果直接填埋会造成什么影响呢？

19. 镉米是怎么形成的？

20. 我国土壤污染防治的总体目标是什么？